EXAMEN
D'UN ESSAI
SUR
L'ARCHITECTURE;

Avec quelques Remarques sur cette Science traitée dans
L'ESPRIT DES BEAUX ARTS.

A PARIS,
Chez MICHEL LAMBERT, Libraire, rue de
la Comédie Françoise, au Parnasse.

M. DCC. LIII.
Avec Approbation & Privilege du Roi.

Cet Ecrit, fait très-peu de tems après que l'Essai sur l'Architecture fut donné au Public, auroit dû paroître il y a plusieurs mois, si des contre-tems, que l'on n'a pû prévoir, n'en eussent retardé l'impression. Mais l'Ouvrage a fait assez de bruit pour qu'on ne l'ait point encore oublié, & que l'on ne soit bien aise d'être instruit sur les erreurs qu'il renferme.

AVANT-PROPOS.

Es siècles les plus éclairés sont souvent peu avantageux à la perfection des Arts. Ils enfantent plusieurs demi-sçavans vains & décisifs, qui s'érigent non seulement en juges, mais encore en législateurs : qui établissent des maximes non sur des règles solides & des principes universellement approuvés, mais sur des apparences de vérités. La généralité de leurs talens rendant nécessairement leurs connoissances superficielles, il ne sçauroit y avoir de solidité dans leurs jugemens. Cependant la hardiesse avec laquel-

a ij

le ils les prononcent, entraîne la multitude, toujours avide de nouveautés, & que les faux brillans persuadent. Le vrai sçavant au contraire ne prend le ton affirmatif qu'à proportion de l'évidence. Il craint toujours d'errer en décidant souverainement sur des opinions problématiques, & dont il n'apperçoit point assez clairement la certitude des principes. Il s'explique alors avec beaucoup de retenue, & ne veut point hazarder sa réputation, ni trahir son amour pour la vérité par la précipitation de ses arrêts. La soif du nom d'homme d'esprit, & du titre d'Auteur, quoiqu'aujourd'hui si avili, fait éclore tous les jours cent nouveaux Ecrivains qu'un succès passager ennivre au point d'estimer leurs hardiesses des traits de génie; & leurs caprices des dogmes préférables aux pratiques sensées & réfléchies de nos plus habiles Artistes anciens & modernes. Gardons-nous d'attaquer avec dédain & un air d'autorité certains préjugés établis. Ce n'est qu'avec bien des précautions & des armes sûres que l'on doit combattre ceux ausquels l'ancienneté & une longue habitude ont donné cet espece d'empire, & qu'elles semblent avoir fixés. Un des plus vastes & des plus profonds génies de l'Angleterre (*a*) a dit, que l'audace étoit fille de l'ignorance & du petit esprit, mais qu'elle ne laissoit pas d'emporter ceux qui jugent superficiellement, & qui font toujours la foule.

J'ai lû le livre de *l'Essai sur l'Architecture*, avec l'avidité d'un amateur des beaux Arts, qui es-

(*a*) Chancelier Bacon.

père toujours qu'une plume plus éloquente que la sienne pourra persuader, & corriger quelques-uns de cette multitude d'abus, dont la réforme a été le seul objet de ses écrits & de son zèle, à la vue affligeante de la décadence du goût.

Ce nouvel Essai a été assez bien reçu du Public pour le justifier de l'accueil qu'il lui a fait, & qu'il mérite par des réflexions judicieuses & très-utiles sur plusieurs licences de nos Artistes. Mais en donnant à l'Auteur les éloges qui lui sont dus, il est important de relever ses méprises d'autant plus dangereuses, qu'elles sont exprimées avec beaucoup d'agrémens. Il est des erreurs dont le charme de l'expression enchante l'esprit, & fait aimer l'illusion au point de ne pas laisser au juge-

AVANT-PROPOS vij

ment la liberté de l'examen.

Si tous les lecteurs aimoient également le vrai, & le cherchoient dans les écrits, ils mépriseroient bientôt les frivoles beautés d'une diction qui les séduit aux dépens de la vérité.

Cette séduction n'est pas l'unique écueil à craindre dans cet ouvrage. Le ton d'autorité dans ses décisions pourroit persuader nos jeunes Artistes que leur défaut d'expérience rend aisément crédules, & les forcer d'adopter tous ses sentimens sans exception & sans discussion. Alors ils se trouveroient agréablement égarés par des chemins de fleurs, en pensant arriver à la perfection de leur Art.

Nos bons Architectes n'ont point jugé cet ouvrage sur les éloges de la multitude. Ils ont applaudi aux vérités, & rejetté

a iiij

toutes fes fauſſes maximes qui ont ébloui le Public par leurs nouveautés. Ils n'ont point approuvé fes décifions favorables à certaines pratiques, fondées uniquement fur les goûts & les penchans de l'Auteur, ni profcrit celles qui font reçues, par déférence pour fes averfions. Ce font ces habiles Architectes que l'on a confulté dans l'examen de cet ouvrage. On ne s'eft point fié à fes propres lumieres dans la critique de fes jugemens hafardés, comme l'on n'a point balancé à juftifier fes idées quand elles ont été appuyées fur le bon goût & fur les règles.

On auroit pu hauſſer le ton dans plufieurs endroits de cette critique pour fe mettre à l'uniffon de celui de l'Auteur dans le prononcé de fes arrêts, mais on a

AVANT-PROPOS. ix
pensé que son audace n'autorisoit point à franchir les bornes d'une sage retenue. C'est par des raisons & non par des emportemens que l'on doit tâcher de la réprimer. Quelque peu d'intérêt cependant que l'on eut à ménager un écrivain obscur & inconnu qui s'érige en souverain juge en Architecture avec une aussi foible connoissance de ses principes, & sans aucune pratique dans la construction, source de plusieurs de ses erreurs, & sur tout dans l'exécution du plan de sa nouvelle Eglise. Un Auteur qui n'établit ses loix despotiques que sur des goûts & des antipathies, sans autorités, qui dans l'instant qu'il paroît sur l'horison littéraire, vole rapidement au plus haut des cieux, & là comme un nouveau soleil veut éclairer tout l'univers, substituer sa lumiere à

AVANT-PROPOS.

celles de nos plus habiles Architectes, & attaquer leurs ouvrages les plus approuvés, un tel Auteur ne mérite pas beaucoup d'égards. L'esprit n'aime point à être régenté avec cette hauteur, elle révolte l'amour propre, & fait beaucoup moins de disciples qu'elle n'irrite de censeurs.

Outre le ton absolu & décisif, l'Auteur affecte encore celui d'original dans ses critiques, quoiqu'elles soient presque toutes puisées dans Cordemoi, dont il parle dans sa préface, & qu'il auroit copié plus fidellement, s'il eut imité sa modestie dans sa façon de proposer ses sentimens. On doit beaucoup pardonner au feu de son âge que l'on pense n'être guere avancé, & à l'ardeur de son tempérament, qui l'aura souvent emporté au-delà de ses intentions

AVANT-PROPOS.

dans la chaleur de ses premieres idées, sans lui laisser la liberté d'y revenir. Espérons du tems & des critiques, qui n'auront pour objet que la vérité & le progrès des Arts, plus de maturité dans ses sentimens, & moins de précipitation, d'inconséquences & de sécurité dans ses assertions. On doit souhaiter qu'une plume aussi agréable ne soit point oisive. La vivacité & l'activité de son esprit pourroient nous découvrir des nouveautés dans la carriere des Arts, & avantageuses à leur perfection dès qu'il s'appuyera sur de bons principes, sans lesquels le feu de son génie l'égarera dans un labyrinthe d'erreurs & de contradictions.

Il a paru presque en même tems que l'Essai sur l'Architecture, un ouvrage intitulé l'*Esprit des beaux*

Arts. L'Auteur s'y annonce comme un génie univerſel, qui les embraſſe tous ſans en excepter un ſeul ; entrepriſe courageuſe, & même ſans exemple ! Il ne ſe borne pas aux réflexions & à l'analyſe de leurs agrémens & de leurs utilités, il s'éleve juſqu'à la ſource de leurs principes les plus déliés, pour en ſaiſir l'eſprit & en exprimer l'eſſence par des réflexions métaphyſiques. Dans cet océan de raiſonnemens ſubtils, l'on s'eſt borné à l'examen de ceux ſur l'Architecture que l'on a cru pouvoir donner à la ſuite des remarques ſur un ouvrage dans le même genre.

A l'égard de la Muſique, celui de tous les Arts que l'Auteur y traite le plus au long, & où il a voulu montrer la vaſte étendue de ſes connoiſſances ſur la théo-

AVANT-PROPOS. xiij
rie de ce bel Art, l'on espère qu'un des plus profonds Musiciens de notre siecle & des précédens, ne tardera pas à l'honorer de sa critique & de ses remarques.

L'on comptoit borner ici cet Avant-Propos, peut-être déja trop long, lorsqu'il a paru une Lettre imprimée sur les Ecrits du tems, dattée de Paris 2e. Mai 1753. en faveur de l'Essai sur l'Architecture. Son Auteur, écrivain ingénieux, excellent critique, & très éclairé dans une infinité d'autres genres, paroît l'être un peu moins dans celui-ci; où il avance trop légèrement, *que l'Auteur de l'Essai sur l'Architecture nous a découvert les loix fixes & immuables de ce bel Art, & l'a sauvé par des préceptes certains de la bisarrerie des opinions;*

*

Qu'il a débrouillé (ceci est remarquable) *Qu'il a débrouillé de la manière la plus claire, la plus précise, & en même tems la plus agréable, le cahos de ses règles.* Qui ne croiroit après un éloge si sublime, trouver dans cet Essai des lumieres & des règles infiniment supérieures à celles de Vitruve, Palladio, Scamozzi, Vignole, Perrault, Blondel, & de tous nos plus grands Auteurs? Qui ne pensera après une semblable décision que les règles dictées & mises en pratique dans les ouvrages admirables de ces grands hommes, n'ont été jusqu'à présent qu'un cahos impénétrable, qu'ils n'ont marché que dans les ténèbres & en aveugles, & qu'une nouvelle lumiere s'est levée sur notre horison, & a jetté dans tous les esprits, par l'évidence des princi-

AVANT-PROPOS.

pes, une clarté qui leur étoit inconnue, & sans laquelle la Science de l'Architecture fût demeurée dans une confusion, une nuit, & un abîme de ténèbres, semblables à celles où étoient les Elémens, avant que la voix du créateur y eut porté l'ordre & la lumiere. Car ce sont là les suites nécessaires de cet éloge. Mais quelle surprise pour les lecteurs, lorsque excités par ces magnifiques promesses, ils ont cherché dans cet ouvrage cette divine lumiere, & qu'ils n'y ont trouvé ni principes, ni loix fixes, ni mesures, ni modulations, ni aucune nouvelle regle de proportions ! Pourront ils s'empêcher de regarder ces louanges sans pudeur comme une ironie ? L'Auteur s'est même bien gardé de porter la bonne opinion qu'il a de lui-même jusqu'à cet éxcès de présomption. L'imprudence de son panégyriste & son zèle indiscret nous confirment une ancienne maxime. Qu'il est très dangereux pour la réputation d'un particulier, quelque extraordinaire que soit son mérite, de l'annoncer par des éloges prodigieux & hyperboliques, & de le vouloir donner pour la merveille de son siècle. La difficulté, ou plutôt l'impossibilité de répondre à une si haute attente, & de soutenir l'idée sublime qu'en a donné l'orateur, fait tomber le héros dans un rang infiniment plus bas que celui où l'auroit placé le Public, si on lui eut laissé la liberté des suffrages.

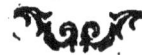

EXAMEN

EXAMEN
D'UN ESSAI
SUR
L'ARCHITECTURE.

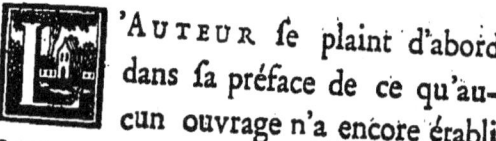'AUTEUR se plaint d'abord dans sa préface de ce qu'aucun ouvrage n'a encore établi solidement les principes des vraies proportions de la bonne Architecture, & les regles invariables pour fixer le beau qui lui est essentiel. Il est vrai que l'ouvrage d'un de nos Architectes d'à présent, n'avoit pas encore paru quand il a publié le sien,

A

peut-être eut-il été satisfait à cet égard.

Quelques pages après il dit ; *Qu'il avoit long tems médité sur les causes des diverses impressions qu'il a éprouvé à la vue des différentes compositions des Architectes, mais toujours inutilement. Lorsqu'enfin il a été frappé subitement d'un coup de lumiere qui a dissipé ses doutes & ses incertitudes au point de pouvoir se démontrer clairement à lui-même les principes & les conséquences dont il ignoroit les causes.* Il nous promet encore dans la même préface de fournir aux Architectes des moyens infaillibles de perfection. Qui n'auroit crû trouver dans son ouvrage l'effet de cette soudaine inspiration & de ces sublimes promesses ; c'est-à-dire, ces regles sûres &. ces principes incontestables ? Je m'en flatois agréablement, & je croyois tenir un tréfor dans mes mains, mais je n'y ai découvert ni règles ni principes, mais seulement beaucoup de décisions nouvelles & hardies sans nulle autorité, avec plusieurs réflexions judicieuses qui peuvent être très-utiles.

Il commence l'introduction à son Ouvrage par le détail des talens nécessaires à un bon Architecte, auxquels il oppose sans nécessité ni bienséance les plus basses fonctions d'un vil manœuvre. Où est l'homme même le plus stupide qui confonde l'échaffaudage avec le bâtiment, & juge de l'art de bâtir par les boulins & la malpropreté des maçons? Quel autre rapport ont les grües & les échaffauds avec les magnifiques productions d'un sçavant Architecte, que celui des moyens avec leurs fins?

Il nous assure ensuite que leur majeſtueux ſpectacle excite dans l'ame une émotion & un plaiſir enchanteur dont il n'explique point la cauſe. Eh qui ne l'a pas éprouvé ! Si ce ſentiment lui eut été réſervé, & ſi la vûe d'un édifice d'une grande étendue & bien proportionné, n'eut affecté fortement avant lui des milliers de ſpectateurs, chercheroit-on depuis ſi long tems les raiſons phyſiques de cet effet général?

J'approuve fort ſes ſentimens ſur les Edifices Gothiques dont il commence par déplorer la ſtructure, & leur donne enſuite les plus grands éloges. Je ne lui ſçai pas moins de gré de rendre juſtice aux chefs-d'œuvre du ſiecle de Louis XIV. J'aime à le voir gémir ſur le petit & le défectueux du nôtre, *qui annonce*, dit-il, *la décadence entiere des Arts.*

Il paſſe aux principes généraux de

l'Architecture qui font le sujet du premier Chapitre. Les élémens de l'Architecture ne sont ignorés de qui que ce soit ; Vitruve, & mille autres après lui les ont rebattus dans tous leurs ouvrages ; cependant ils paroissent neufs dans celui-ci par les descriptions Poëtiques dont il les a ornés. Mais le riant tableau de *cette verdure naissante, du tendre duvet d'un gason, de ces tapis émaillés* est-il en sa place, & ne seroit-il pas beaucoup mieux dans une Eglogue ? J'en laisse le jugement à ceux qui sentent tout le mauvais effet de ces sortes de déplacemens, & qui n'estiment rien de beau que ce qui l'est où il doit l'être.

Après la description de la structure & de la simplicité de nos premieres habitations, l'auteur établit une relation à la rigueur de toutes les parties de nos

Edifices, avec celles de ces bâtimens rustiques & informes qu'il appelle la nature. Qu'il me permette de n'être pas de son avis. Eh pourquoi penser qu'on ne puisse un peu s'éloigner de ces grossieres & informes inventions? Si les hommes eussent toujours été plongés dans leur premiére rusticité & leur stupide ignorance, tels que nos sauvages de l'Amérique, ils n'auroient encore que ces mêmes Cabanes pour retraites ; semblables aux brutes qui n'ont rien ajouté depuis leur création à ce qu'un instinct aveugle & involontaire les a forcé d'opérer, soit pour leur conservation, soit pour la propagation de leur espece, soit pour l'utilité de la nôtre, (car c'est à quoi se réduit toute leur industrie) tels sont les édifices des Castors, les nids des Oiseaux, & les ruches des Abeilles;

alors je ferois de fon avis. Mais à quel deſſein l'Auteur de notre être, qui agit toujours avec une ſageſſe profonde, & n'a rien créé d'inutile, nous eut-il donné une induſtrie ſi ſupérieure à tous les animaux ? Pourquoi ne l'a-t'il pas bornée au ſeul néceſſaire, & l'a-t'il étendue au commode, à l'agréable, & même au magnifique ? Pourquoi nous inſpirer l'amour des Arts, de leur progrès, & de leur perfection, ſi l'on doit ſe borner à ces groſſiers principes, & y rapporter toutes nos productions ? Quoi, parce que les vêtemens des premiers hommes étoient faits de peaux d'animaux, il ſera néceſſaire que nos habits ayent des rapports avec les fourrures des léopards, des tigres, & des pantheres ! Quelle ridicule conféquence !

Paſſons aux autres principes généraux à peu près de la même ſolidité. L'Ar-

A iv

ticle premier traite des Colonnes. Il les veut toutes perpendiculaires, il a raison, les loix de la nature qui font tendre tous les corps graves à leur centre de gravité, l'ont voulu avant lui. Tout ce qui porte seroit sans force s'il n'étoit à plomb, & l'œil même le plus ignorant en est naturellement offensé. *La Colonne*, dit-il, *doit être isolée pour exprimer plus naturellement son origine & sa destination*. Les Colonnes isolées ont incontestablement plus de grace que celles qui sont engagées dans le mur. Mais il y a des cas où cet engagement est absolument necessaire. Notre censeur blâme à ce sujet celles du Portail S. Gervais. *Croit on*, dit-il, *que ce Portail ne seroit pas plus parfait, si les Colonnes de l'ordre Dorique étoient isolées comme celles des ordres supérieurs? Y avoit-il à cela quelque chose d'im-*

possible ? Oui, sans doute, autrement les colonnes du troisiéme ordre auroient paru insupportables ; la bonne construction, & l'élégance de l'ouvrage exigeant que l'on diminue à chaque ordre que l'on éleve, l'épaisseur des murs. Dailleurs s'il étoit instruit des principes de l'Architecture, il sauroit que si les colonnes du rez de chauffée dans ce portail eussent été isolées, la partie de l'Architrave qui est audessus de la porte du milieu eut paru trop foible pour porter l'entablement & le fronton qui le couronne, l'entre-colonne étant de cinq métopes & de quatre trigliphes, non compris ceux qui sont placés sur les axes ; & alors les colonnes des ordres supérieurs étant beaucoup plus écartées de leurs dossiers, leur espace eut paru trop vague & les colonnes trop foibles ; étant démontré, que plus les objets élevés sont isolés, environnés d'air, & éloignés d'autres corps, plus ils paroissent diminuer aux yeux. Que l'auteur sente par cette raison la foiblesse de sa censure à l'occasion de ce Portail, dont il tire une si grande vanité, & le droit de blâmer tous nos édifices modernes les plus approuvés. Qu'il ne se glorifie point de sa hardiesse, il n'est pas le premier qui ait osé y chercher des défauts. M. de Cordemoi dans son traité d'Architecture, que l'auteur a presque tout copié, les avoit remarqués avant lui. Il peut encore modérer ses gémissemens sur la fureur de nos Architectes pour l'engagement des colonnes, elle n'est point si fréquente, & n'approche point de l'excès de ses expressions. La belle preuve qu'il nous en donne que celles du Portail des Jésuites de la rue saint Antoine qui de tous nos édifices modernes est celui qui rassemble le plus de défauts ! A l'égard de celles de la cour du Louvre, les mêmes raisons exposées ci-dessus pour autoriser celles du Portail saint Gervais, ont forcé l'auteur à user de la même licence pour le bon effet de celles de son troisième ordre.

Une autre erreur bien singulière où l'a mené un faux préjugé, c'est que les colonnes, dit-il, doivent être rondes, parce que la nature ne fait rien de quarré. Voilà un principe aussi nouveau qu'il qu'il est bisarre. Ne trouve-t'on pas dans presque toutes les carrieres des pierres de cette forme produites par la nature ? & combien de mineraux & de fossiles ont la même figure ! Mais je lui passe que la nature n'ait rien produit de quarré; est-ce une raison pour assujettir l'art à ne travailler que sur des formes rondes ? Il s'enſuivroit de ce raiſonnement que le plan de nos habitations devroit être circulaire, tous nos édifices avoir la forme d'un colombier, & nos Egliſes celles d'une Rotonde. Voilà les écarts où mènent les erreurs en principes & l'abus des véritables portés au-delà de leurs limites. Voyons les autres.

L'auteur veut qu'à l'imitation des arbres les colonnes ſoient diminuées de bas en haut, c'eſt-à-dire en forme de piramide tronquée. L'on peut croire que les premiers Grecs leur ont d'abord donné cette forme, & l'on en a trouvé quelques-unes ainſi taillées chés eux. Mais s'étant apperçus que la délinéation ou le profil de ces colonnes offroit à la vüe une figure déſagréable, ils ont cherché à l'adoucir, de même que tous nos grands auteurs entr'autres Vitruve. Je ſerai fort trompé ſi l'autorité de ce maître moderne a affés de poids pour faire changer de pratique à nos Architectes, & les engage d'imiter les arbres dans leurs colonnes. Je crois qu'ils resteront toujours persuadés que l'art doit corriger la nature en l'imitant, quand elle produit quelque chose de disgracieux.

C'est avec plus de raison que l'auteur blâme les colonnes renflées ou fuselées. Il ne s'en trouve aucun exemple dans l'Antique, & Henri Woton Architecte Anglois traite ce renflement d'un des plus grands abus en Architecture. Cependant nos Architectes modernes fondés sur un passage de Vitruve qu'ils ont mal entendu, ainsi que l'a fait voir M. Auzout, ont tous pratiqué ce renflement & l'ont porté à l'excès. Il n'est pas vrai, comme dit l'auteur, que la nature n'ait rien produit qui puisse l'autoriser. Les premiers Architectes en ont pris le modele dans le corps humain qui eſt plus large au milieu que dans les extrêmités. Il n'eſt pas plus vrai que nos Artiſtes ſoient revenus il y a long-tems des colonnes fuſelées, & que l'on n'en trouve point dans nos ouvrages récens. On auroit de la peine à citer dans Paris une colonne ſans un peu de renflement. Celles du Portail de l'Egliſe de la Viſitation près la Baſtille, & celles de la fontaine de la rue de Grenelle nouvellement conſtruite, en ont beaucoup. On peut regarder celui des colonnes du Periſtile du Louvre comme un excellent modele, leur profil ayant toujours parfaitement ſatisfait les yeux de tous les connoiſſeurs.

La colonne doit avoir une forme qui paroiſſe capable de ſoutenir la maſſe dont elle eſt chargée, & ſon renflement trop marqué en préſente une contraire;

elle semble avoir été écrasée par un poids trop lourd. Scamozzi dit à ce sujet qu'Alberti est un des premiers qui ait gâté l'Architecture des Anciens. Si cependant on veut user de cette licence, il ne faut donner au diametre où l'on veut faire le renflement qu'un 24e. ou un 25e. de plus qu'au diametre inférieur de la colonne.

La colonne, ajoute l'auteur, *doit porter immédiatement sur le pavé comme les piliers de la cabanne rustique portent sur le terrein.* Par cette règle, voilà tous les ordres supérieurs dans les façades des Palais & des Eglises condamnés, & les grands Architectes qui ont élevé un deuxiéme & un troisiéme ordre sur le premier, taxés d'ignorance & de mauvais goût. Mais sans donner cette intention à l'auteur, voyons tous les inconveniens qui en résulteroient. L'on sçait qu'il faut nécessairement une pente pour les eaux dans une grande cour ; celle que l'on a donnée à la cour de l'Hôtel de Soubise est considerable. Or si l'on eut placé les colonnes de cette cour sur le pavé, pour empecher l'horrible effet d'un entablement qui en eut suivi la pente, il auroit fallu augmenter la hauteur de chaque colonne & par conséquent son diametre. On passe toutes les autres absurdités qui suivroient de cette fausse regle.

La proscription des Piedestaux en est une suite nécessaire, & l'auteur ne leur fait nulle grace. Mais avant de les condamner, il auroit dû apprendre à les connoître. Il est assés surprenant qu'un auteur qui s'érige en juge & en maître dans un Art, en ignore les principales parties, & qu'il ne sçache pas distinguer le Socle d'avec le Piédestal. *Le Portique de l'Hôtel de Soubise*, dit-il
n'est

n'eſt pas ſupportable à cauſe de ſes affreux Piédeſtaux, & il eſt à remarquer que l'on n'en voit pas un ſeul ni à la porte de cet Hôtel, ni dans la colonnade de l'intérieur, mais ſeulement des Socles qui font un fort bon effet, & qui y étoient abſolument néceſſaires par les raiſons que l'on vient de dire il n'y a qu'un moment.

L'Auteur en s'oppoſant aux Piedeſtaux, s'appuyera ſans doute toujours de ſon faux & ridicule principe, *que la nature ne produit rien de quarré*, & qu'ils étoient ignorés dans les premiers temps où l'on imagina la colonne à l'imitation des arbres. Il eſt vrai que l'on voit encore ſubſiſter quelques bâtimens anciens où les baſes des colonnes ſont ſupprimées lorſqu'elles étoient ſerrées, mais c'etoit pour faciliter les paſſages & non pour donner plus de grace a la colonne.

B

Les Autels de nos Eglises, continue l'auteur, *offrent presque tous ce ridicule spectacle*. On y veut des colonnes, il en coûteroit trop de les avoir d'un module assez grand pour les faire porter immédiatement sur le pavé, de-là la nécessité des *Piédestaux*.

Il ne faut pas un grand effort de génie pour se représenter l'effet ridicule que produiroient les colonnes posées sur le pavé pour accompagner la table d'un Autel. Sa forme est celle d'un Stilobate dont la continuité doit nécessairement porter les colonnes ; sans cela nulle liaison avec le sujet principal, & par conséquent nulle beauté. Quelle composition plus choquante que de placer des colonnes derriere les extrêmités de la table qui les cacheroient en partie, & les feroient paroître tronquées, tandis que celles qui en seroient plus éloignées se présenteroient dans leur entier !

Une autre occasion où les Piédestaux se trouvent indispensables, c'est lorsque les colonnes sont exposées aux dégradations des passans & des voitures, comme dans les cours, les places publiques, aux Portails d'Eglises, ou à ceux des Hôtels sans renfoncement. On les en garantira, dira-t'on, par des bornes ou des barrieres ; mais ces espèces de cônes arrondis font toujours un mauvais effet près des colonnes, & les barrieres tombent bientôt en ruine. J'avoue que lorsqu'une colonne est seule & en saillie, le piédestal en est désagréable, parce qu'il semble allonger sa proportion, & qu'en général cette position de la colonne est toujours vicieuse par le ressaut de la portion mesquine de l'entablement. Pour la colonne seule & entierement isolée, dans une place publique les piédes-

B ij

taux y sont fort supportables, tels qu'aux colonnes Trajanes & Antonines. Ils ajoutent même à son agrément par la liberté d'en varier les formes, circulaires, à pans coupés, échancrés, en adoucissement, triangulaires &c. Tel est celui qui sert à porter les trois Graces qui soutiennent les cœurs d'Henri II. & de Catherine de Medicis, par Germain Pilon, & d'une idée singuliere & excellente, en forme de trépied antique dont les faces sont ornées de feuillages, de masques, de guillochis &c.

Voici une autre erreur bien plus importante où l'a encore mené son faux principe du quarré, c'est sa haine déclarée & sans exception pour tous les Pilastres. Si elle s'étoit bornée au Pilastre isolé, il eut eu bien des personnes de son avis, quoiqu'il ait été employé par tous nos plus grands maîtres, mais il les proscrit tous & n'en veut aucun. Ecoutons ses raisons.

Les Pilastres sont, dit-il, *une mauvaise répréfentation des colonnes, & leurs angles annoncent la contrainte de l'art, & s'écartent de la fimple nature.* Je ne vois point en premier lieu dans le Pilastre une imitation vicieuse de la colonne. Sa premiere destination à été de porter le poids des édifices à la place du mur. Quelle figure est plus solide & aux yeux & à la raison que le quarré ? Les Grecs auteurs de ces célebres Piramides construites pour l'éternité & qui subsistent encore entieres, ont-ils imaginé pour leur base une forme plus durable que le quarré équilatéral ? Leurs Obelisques qui servent encore aujourd'hui d'ornement à Rome n'ont-ils pas été taillés sur un plan de cette forme ? *Les Pilastres ont*, dit-il ensuite, *des* arêtes vives & incommodes, qui gênent le coup d'œil & donnent à tout l'ouvrage un air plat. J'aurois bien souhaité que l'auteur, sans doute grand Opticien, nous eut expliqué pourquoi une surface plate gêne plus la vûe qu'une circulaire, est-ce que l'angle du rayon de l'œil ne les embrasse pas toutes deux avec la même facilité ? Si l'on eut donné au Pilastre plusieurs angles & une forme poligone, peut-être suivant les regles d'une Optique particuliere à l'auteur, la multiplicité de ces arêtes eut incommodé sa vûe, mais dans le Pilastre quarré, l'œil n'apperçoit jamais qu'une arête s'il le voit de côté, & aucune étant vu en face. De telles raisons ne mériteroient point de réponse. Voyons s'il en a de plus sensées à leur opposer.

Il décide sans appel, que les Pilastres ne sont jamais nécessaires, & que l'on doit toujours employer des colonnes à leur place. Sa décision n'est pas refléchie. Combien de façades où la saillie des colonnes qu'il veut toujours isolées les rendroit incommodes & même impraticables. Je laisse les raisons d'économie & de bienséance dans les édifices où la magnifique décoration des colonnes, ne conviendroit en aucune façon ; je m'en tiens à celle qui regardent l'intérieur de la plus grande partie de nos maisons, comme les vestibules, les sallons, les escaliers, & bien d'autres pieces qui reçoivent un grand ornement des Pilastres, & où l'on ne pourroit employer raisonnablement des colonnes.

Les Pilastres, continue l'auteur, *sont une innovation bisarre nullement fondée en nature, tolerée par habitude & adoptée par l'ignorance.* Toutes ces qualifications sont absolument fausfes, & l'auteur auroit à redouter l'application de la derniere.

Les Pilaftres font auffi anciens que l'Architecture, & l'on en trouve des veftiges dans les temps les plus reculés. Nulle bifarrerie dans leur forme, & rien de plus fimple à tous égards que quatre faces exactement paralleles. A l'égard de leur adoption par l'ignorance, cette critique eft evidemment abfurde. Depuis trois mille ans les plus habiles Architectes les ont employés, & les génies les plus fertiles n'ont rien pu imaginer pendant tant de fiecles pour les remplacer. L'Architecture auroit une obligation finguliere à l'auteur, s'il vouloit bien faire part au public de ce qu'il a trouvé de plus parfait pour le fubftituer à leur décoration.

Mais de toutes les bévûes où l'a précipité fon averfion innée pour les Pilaftres, voici la plus humiliante pour lui, puisqu'elle démontre la foiblesse de ses connoissances en Architecture.

Il accuse d'erreur grossiere l'auteur du peristile du Louvre, d'avoir employé des Pilastres dans ses avant-corps. *Comparez*, dit-il, *les côtés de ce superbe portique avec les Pavillons des avant-corps, quelle différence ! Il n'est pas jusqu'aux valets & aux servantes qui ne demandent pourquoi l'on n'a pas fait les Pavillons comme le reste.* La vanité avec laquelle il s'applaudit d'oser attaquer un si beau monument, & d'humilier ses admirateurs, l'étourdit & l'égare au point d'oublier la modération & la décence dans ses expressions; il employe les plus basses pour mieux avilir les partisans de ce bel ouvrage, il les met au-dessous des valets & des servantes qui en voyent les défauts prétendus au premier coup d'œil. Mais le triomphe de sa vanité ne sera pas long. On va lui prouver que l'Architecte qui en est l'auteur étoit plus habile que lui, & qu'il auroit dû lui rendre l'honneur qu'il mérite s'il avoit eu assez de lumiere pour appercevoir ses raisons que le plus petit écolier en Architecture eut senties à la premiere vûe.

L'uniformité qu'il demande dans ces pavillons avec le corps de l'ouvrage, est une absurdité palpable, qui en eut détruit toute l'harmonie & l'élégance. Dans les longues façades, la vue seroit incontestablement fatiguée par la répétition des objets d'une même forme; la variété leur est donc absolument nécessaire. Les plus grands Architectes en ont senti la nécessité, & ont toujours rompu la trop longue suite des mêmes parties par des avant-corps qui autorisent le changement des formes soit dans les croisées, soit dans les ordres, soit enfin par l'emploi des Pilaſtres à la place des colonnes, dont on ſent dans cette façade toute la néceſſité de l'agrément pour la variété.

Mais une raiſon encore plus forte en faveur des Pilaſtres employés dans ces avant-corps, c'eſt l'impoſſibilité où eut été Perrault de raccorder ſa façade des portiques avec celle du côté de la riviere, s'il eut mis des colonnes aux pavillons des extremités du Periſtile. Son deſſein étant de décorer cette façade en Pilaſtres, il eut fallu placer une colonne en retour du côté de la riviere & des PP. de l'Oratoire pour répondre à celles du Periſtile, & ſon effet eut il été ſupportable? L'Uniſſon en muſique n'a jamais flatté, de même l'uniformité dans les décorations produira toujours un effet froid & languiſſant.

Mais l'Architecte ne doit jamais oublier ce grand principe, unique fondement de la vraie beauté. Qu'il faut que cette variété tende a l'unité & ne fasse aucune dissonance. Sans cela tous les caprices & les licences les plus choquantes seroient admises. L'on verroit des renfoncemens quarrés avec des saillies circulaires dans une même façade, & mille autres extravagances dont il y a tous les jours de nouveaux exemples dans Paris.

L'auteur par cette démonstration se verra convaincu de la foiblesse de ses connoissances en Architecture, & de la médiocrité de son goût pour les plus belles compositions, par sa critique si peu sensée des Pilastres dans la colonnade du Louvre. Son erreur à cet égard est une importante leçon à lui & à tous ceux qui hazardent témérairement de blâmer ce qu'ils ignorent, de beaucoup consulter avant de décider, & d'attaquer des ouvrages qui ont l'approbation générale des vrais sçavans, & qui font autant d'honneur au goût françois que ce Periſtile, dont l'achevement eut immortalifé l'auteur & le génie de la nation. C'eſt vouloir mettre le feu au temple d'Ephéſe pour ſe rendre ridiculement célebre.

Le Pilaſtre, continue l'auteur, *eſt un colifichet qu'on met à toute ſorte d'uſage. On le marie avec la colonne, & il ſemble que c'eſt pour elle un correſpondant inſéparable. Y eut-il jamais un aſſortiment plus ridicule ?* L'on n'oſeroit dire à l'auteur, que le ridicule tombe ſur ſon jugement. Il demande *ce que ſignifie ce Pilaſtre derriere une colonne iſolée, il n'en ſait rien, & défie d'en rendre raiſon.* Le Pilaſtre derriere une colonne iſolée ne ſignifie autre chose qu'un ornement qui ajoute à sa richesse en conservant son même ordre, son chapiteau, & sa base. Dès qu'il n'a rien de mieux à y mettre, il ne persuadera jamais que la colonne isolée ait plus de beauté lorsque le mur, auquel elle est adossée, sera nud, que lorsqu'il sera décoré. Or comme je l'ai déja dit, les Architectes anciens & modernes n'ayant point trouvé d'ornement plus riche, plus simple, plus convenable & plus parfait à lui associer que des Pilastres du même ordre, j'espere que l'usage en sera continué. Il est même des cas où il devient d'une nécessité absolue, c'est lorsque la distance de la colonne au mur est considérable, comme au Peristile du Louvre, alors il faut à ce mur des corps en saillie pour porter les plattes-bandes du plat-fond, & je ne crois pas qu'on puisse imaginer rien de plus agréable que les Pilastres du même ordre.

L'on conviendra cependant que si à la place des Pilastres dans la gallerie du Peristile, on eut placé des colonnes, l'accord du tout eut été plus complet. Mais l'Architecte a, sans aucun doute, pensé que la gallerie eut paru trop étroite, & que cette répétition de colonnes & leur multitude auroit produit une satieté beaucoup moins agréable à l'œil que la sage & simple variété des Pilastres.

J'approuve fort la critique que fait l'auteur, de l'abus des formes du Pilastre tels que ceux qui sont pliés, doublés, coupés, rampans &c. ou qui se pénètrent. A l'égard de ceux qui sont convexes ou concaves étant appuyés contre des arriere-corps de cette forme, ils sont autorisés par ceux du Pantheon, & de plusieurs de nos bons Architectes françois, entrautres le Mercier dans le Chœur des PP. de l'Oratoire, rue faint Honoré, dont le plan eft elliptique, & l'exécution admirable. Le Vau dans la Chapelle du College des Quatre-Nations fous le Dome, &c.

Je penfe donc qu'étant employés dans les règles du bon goût & avec fageffe, leur ufage eft indifpenfable dans l'Architecture pour enrichir les façades grandes & petites, & tous les lieux extérieurs & intérieurs. Le Pilaftre, après la colonne, eft l'ornement le plus agréable. Les chapiteaux de tous les ordres s'y placent avec grace & les terminent heureufement. Enfin je reviens à ce que j'ai déja dit ci-deffus; Depuis le long tems que les plus grands Architectes fe font épuifés en recherches pour inventer un fixieme orde, un nouvel appui à la place des colonnes & de ceux qui les accom-
pagnent

pagnent, & qu'après des milliers d'eſſais ils n'ont pû venir à bout d'en faire adopter un ſeul, je doute fort que l'auteur reuſſiſſe à bannir les Pilaſtres des édifices. En vain, nous dira-t'il, *qu'il ne les peut ſouffrir, que cette averſion eſt née avec lui;* on lui répondra que cette raiſon eſt le refuge ordinaire de ceux qui n'en ont point pour ſoutenir les opinions les plus biſarres; qu'un vice inné n'en eſt pas moins un vice, qu'il ne diffère d'un vice acquis qu'en ce qu'il a des racines plus profondes, & qu'il eſt par conſéquent plus difficile d'arracher. On lui permettra ſeulement d'exclure les Pilaſtres de tous les édifices qu'il fera conſtruire, comme il veut bien nous permettre de ne point retrancher la colonne des grands ordres.

Un autre abus qu'il trouve intolérable en Architecture, ce ſont les colonnes torses. Il s'en faudra beaucoup que nous soyons du même avis, & je me donnerai bien de garde de taxer comme lui leur inventeur *de folie & de privation de goût & de jugement*. Autant ennemi qu'il le sauroit être du faux brillant, & partisan passionné du beau simple & du naturel, je le suis encore de la variété si nécessaire à l'agrément dans toutes les productions de l'esprit ; & celui dont elles embellissent l'Architecture, m'empêchera de les condamner sans de fortes raisons, & sans avoir balancé leurs avantages & leurs défauts.

La colonne torse est très-ancienne, contre le sentiment de M. de Cordemoi. Quelques-unes du temple de Salomon furent transportées de Jérusalem à Rome par l'Empereur Tite avec les riches dépouilles de ce divin & superbe Edifice. Elles furent mises dans le temple de la

Paix, & après sa ruine dans la Basilique de saint Pierre. Je sai que son profil qui se détourne souvent dans toute l'étendue de la colonne de la ligne droite, est son plus grand défaut, & que sa forme seroit extrêmement choquante, si elle étoit employée à porter les masses pesantes d'un grand édifice. Alors tout ce qui semble s'écarter de l'aplomb est insupportable à la vûe, parce qu'il en exclut l'apparence de solidité. Mais il n'en est aucune qui soit mise à cet usage. Si le Cavalier Bernin s'en est servi au Baldaquin de saint Pierre, ce savant homme ne l'a fait qu'avec choix & jugement. Quoi de plus ridicule que d'employer dans tous nos Baldaquins pour soutenir une maigre portion d'entablement qui ne porte presque rien lui-même, des colonnes pleines & massives dont les proportions & la forme sont égales à

C ij

celles qui portent des poids énormes ? Je veux bien les tolérer dans les Baldaquins des grands Auguſtins, & de ſaint Severin, tous les deux du deſſin du fameux le Brun, & qui portent une demi-coupole. La retombée de la corniche du cintre qui en fait la face, ſur les deux premieres colonnes, & le reſte de cette coupole ſupportée par les autres, offrent à la vûe un corps ſolide & qui a beſoin d'appui. Mais tous ces Baldaquins ſans coupole, dont la partie ſupérieure eſt toute ouverte, & où l'on voit quatre fortes colonnes de marbre porter un miſérable fragment d'entablement en portion de cercle ſur lequel ſont appuyées quatre branches d'un amortiſſement en conſoles dont les extrêmités viennent s'aſſembler dans le milieu de ce vuide & y former une maſſe qui porte entierement à faux ; il n'eſt aucun spectateur, un peu sensé, qui ne sente la misere de cette pitoyable machine, qui souvent ne rime à rien de tout ce qui l'environne dans l'Eglise où elle est placée, souvent même elle en masque le rond-point qui se trouve dans quelques-unes de nos modernes la partie la plus agréable. Ces ridicules Baldaquins ne seront donc jamais admirés que par le peuple qui pense que tout ce qui est doré est beau, ou par des Marguilliers & des Communautés qui les regardent comme un merveilleux embellissement, & qui ne sentent pas qu'un Autel simple ou d'un beau profil, & sans autre ornement que celui d'un Tabernacle de bon goût, & quelques figures d'une belle proportion & dans leur place convenable, épargneroit bien de la dépense, & satisferoit les connoisseurs en les laissant jouir de l'effet de l'Architecture dans nos Eglifes modernes, dont l'ordonnance eſt entierement troublée & rompue par ces riches colifichets.

L'on me pardonnera cette digreſſion en faveur du zèle pour la perfection de nos édifices profanes & facrés, & pour en bannir ces ornemens poſtiches & déplacés que l'on y éleve encore tous les jours.

Je reviens aux colonnes torfes, & je parlois des raifons que le Cavalier Bernin a eu de les employer au Baldaquin de faint Pierre. La colonne torfe étant évidée fpiralement dans toute fon étendue ou depuis fon tiers, a beaucoup plus de légereté que la colonne pleine, & convient parfaitement aux compofitions fveltes, & de pure décorarion qui demandent très-peu de folidité. Tels font les baldaquins, les balcons, les ſtatues, les urnes funéraires, comme celle de Montmorenci dans la chapelle d'Orleans aux Célestins de cette ville, de la main du fameux Germain Pilon, & qui est admirable. Elles ont encore l'avantage sur les colonnes pleines en ce qu'elles reçoivent dans les intervalles de leur spire divers ornemens avec beaucoup de grace, des pampres de vigne, des feuillages & des branches de laurier, de palmier, & tout ce qui est analogue à la légereté de leur couronnement. De quelle ressource ne sont-elles pas encore dans les fêtes galantes, embellies de guirlandes dans leurs circonvolutions ! Mais où leur agrément se montre avec plus d'éclat & de richesse, c'est lorsqu'elles sont imitées en Peinture dans les décorations des Arcs de Triomphe, des feux d'artifice & sur tout dans celles de Théatre. Avec quel art le grand décorateur Servandoni ne les a-t'il pas mises en œuvre au palais du Soleil dans l'Opeta de Phaëton, où les colonnes torses de Lapis faisoient le plus bel ornement ! Les applaudissemens ne finissoient point toutes les fois que ce magnifique palais paroissoit sur la Scène, & offroit aux yeux le spectacle le plus lumineux, le plus céleste & le plus enchanteur que Paris eût encore vû dans ce genre. Il les a encore employées avec beaucoup d'avantage dans les fêtes champêtres, & dans une infinité d'autres occasions. A Rome on admire leurs heureux effets à la cascade de Belveder à Frescati, & à la vigne Mathei sous la forme de colonnes hydrauliques, du haut desquelles s'élance un jet qui retombe dans le bassin du chapiteau, & tourne ensuite spiralement autour des colonnes, ce qui fait un aspect & un murmure singulier & très-gracieux.

Pour jetter un nouveau ridicule fur les colonnes torfes, l'auteur dit, *qu'elles font dans l'Architecture l'effet des jambes torfes & eftropiées au corps humain*. Mais il n'eft pas plus heureux en comparaifons qu'en critique. Je ne vois nulle parité dans celle-ci. Les jambes, il eft vrai, font les colonnes qui portent notre corps, & doivent être par conféquent d'une figure droite. Non feulement celles d'un bancroche ne le font point, mais elles décrivent prefque toujours une ligne très-courbe, & bleffent par là néceffairement la vûe, alors quel eft leur rapport avec ces colonnes dont l'axe eft toujours parfaitement à plomb?

Je ne prétends point, par tout ce que j'ai dit, approuver généralement leur ufage, mais j'ai cru devoir apporter quelque tempérament aux décifions imprudentes de l'auteur qui les bannit sans exception de toute Architecture, en traitant leur inventeur d'extravagant, & ceux à qui elles pourroient plaire, d'ennemis du bon goût & de la nature. Je pense seulement qu'étant employées avec choix dans les compositions légeres & élégantes, qui n'exigent point une grande solidité, loin de blesser les yeux, elles y feront toujours agrément & y seront reçues avec grace, & la raison sur laquelle j'appuie mon sentiment, est celle de la diversité d'un si grand prix dans tous les Arts, & sur tout dans ceux qui ont pour objet le plaisir & l'agrément.

Ne nous éloignons point entierement de la nature, nous ne produirions que des monstres, mais aussi ne nous en approchons pas de si près que l'on ne puisse la distinguer d'avec l'art, & qu'il perde le plus précieux de ses droits, celui de varier nos plaisirs & de les rendre plus vifs par les heureux effets d'une irrégularité approuvée. Ne soyons point esclaves des usages primitifs, & n'exigeons point des rapports avec eux trop sévères dans nos compositions, dès que la distance des tems & la force d'une ancienne habitude les aura autorisés. Je l'ai déja prouvé par l'exemple du chapiteau corinthien. De quelle élégante décoration l'Architecture n'eut-elle pas été privée depuis plus de deux mille ans, si les Grecs l'eussent rejetté par une délicatesse bien fondée en apparence & un attachement trop servile aux Loix de la nature! Je sai l'impossibilité qu'il y auroit aujourd'hui à faire réussir de semblables inventions consacrées par l'antiquité, & je ne conseillerois à aucun de nos Artistes de les hazarder, à moins que l'agrément sublime du sujet ne jettât un voile sur ses défauts, & ne fermât les yeux au naturel pour ne voir que l'agréable. Alors même son succès feroit très-dangereux dans ce siecle peu fertile en bonnes inventions; nous serions inondés d'imitations extravagantes, dès que quelque génie courageux auroit franchi heureusement la barriere des règles & de la nature. Concluons donc que lorsque certains objets, quoiqu'irréguliers, tels que les colonnes torses, ont acquis le droit de plaire, non par leur grace naturelle, mais par les secours de l'art & son adresse à les mettre en œuvre, nous devons bien nous garder de les bannir & de nous interdire les ressources de cette variété qui fait le charme des compositions si nécessaires à notre plaisir, dont les limites ne sont déja que trop bornées.

Suivons l'auteur, & passons à l'Entablement. Il prétend *qu'il doit toujours porter sur des colonnes, parce que ses parties représentent un plancher posé sur des piliers & jamais sur des arcades, qui sont vicieuses, parce qu'elles exigent des impostes & des piédroits dont le massif adossé aux colonnes leur ôte cet air de dégagement qui fait leur principale beauté, & que ces piédroits ayant les défauts des Pilastres par leurs angles & leurs arêtes, ils s'écartent du naturel, & sentent la contrainte, &c. pratique trop ordinaire dans nos Eglises & ailleurs.*

Que resulte-t'il de ce beau raisonnement tout pris encore dans Cordemoi ? Plusieurs absurdités. D'abord il faudroit rejetter de la décoration des édifices tout ce qui présente des angles & des arêtes pour n'y employer que des formes circulaires, parce que la nature ne fait rien de quarré. Il faudra arrondir les angles & abattre les arêtes des portes, des croisées, construire toute façade sur un plan cintré, & n'employer que des moulures rondes. A quels écarts de raison nous mene un faux principe ! Les colonnes isolées, il est vrai, presentent à l'œil une légereté agréable, mais cette légereté s'acordera-t'elle avec la masse de la voûte d'une Eglise ? Vous me citez d'abord l'exemple de la chapelle de Versailles ; mais ouvrez les yeux, & voyez que ces colonnes portent sur un stilobate en arcades au rez de chauffée qui en fonde aux yeux la solidité.

En examinant avec attention les colonnes qui portent la grande Nef de la cathédrale de Paris, on sera convaincu de cette vérité. Si les colonnes avoient une hauteur proportionnée à leur diametre suivant les regles des nôtres, elles paroîtroient beaucoup plus foibles, & elles le seroient en effet. Car il est démontré que de deux appuis de même grosseur, le plus court a plus de force que le plus long, conséquemment l'œil jugeroit que les colonnes ne seroient pas alors suffisantes pour soutenir le poids qu'elles porteroient. Ce n'est point assez de rendre un édifice solide, il faut que le jugement l'estime tel, sans quoi l'esprit demeure dans l'inquiétude & n'est point entierement satisfait. Il faut donc que l'Architecte dans un grand édifice dont le fardeau est considérable, balance à la vûe ce qui porte avec ce qui est porté, de façon que l'œil n'ait point à souffrir ni des appuis ni de la charge.

Les arcades, dit l'auteur, *se trouvent ici employées à un usage contre nature. Les arcades sont des voûtes, les voûtes doivent toujours être portées, & ne peuvent jamais servir d'appuis.* Or ces arcades ne servent ici qu'à porter l'entablement, car si ce n'est pas là leur destination, quel est leur usage ? *Les arcades par leur poussée forcent les colonnes à porter de côté, ce qui est contre nature, les colonnes n'étant faites que pour porter à plomb, donc les arcades sont tout-à-fait vicieuses.*

C'est ce raisonnement qui est vicieux, & non point les arcades. La nature, malgré ce que dit l'auteur, dans les grottes extérieures & soûterraines qu'elle a formées de tous les tems en une infinité de lieux, nous en a donné les modeles. Leur usage dans les Eglises est de concourir à la solidité. Or le sens est beaucoup plus assuré en voyant une voûte appuyée sur des arcades que si elle l'étoit sur des colonnes, parce que l'accord

cord de l'enfemble eft beaucoup moins parfait. Vous regardez *le cintre d'une Arcade comme une voûte, & vous prétendez que les voûtes ne doivent rien porter.* Ce paradoxe infoutenable, entierement oppofé à la raifon & à l'experience, n'eft-il pas vifiblement démenti par la pratique journaliere & l'ufage que l'on en fait ? Nous devons bien plutôt admirer l'habileté & la hardieffe de leur inventeur qui a trouvé un moyen fi folide & une forme fi agréable pour porter en l'air avec affurance le poids des plus grands édifices, leur donner à l'œil la grace de la légereté, & laiffer au-deffous d'eux des efpaces vuides pour toute forte d'ufages. Votre paradoxe eft encore également révoltant lorfque vous prétendez que des colonnes qui porteroient les architraves en plate-bande offriroient à l'œil un objet plus folide

D

que des arcades. En vérité il faut nous fermer les yeux, ou vouloir voir ce que l'on ne voit point, pour soutenir ce sentiment & celui de prétendre que les arcades par leur poussée dérangent les colonnes de leur à plomb. Comment pourroit-on imaginer qu'une colonne affermie par deux appuis d'égale force puisse être jettée hors de son à plomb ? On défie l'auteur d'en citer un seul exemple. Quand on avance des systêmes aussi étranges que celui de l'inutilité des arcades qui a révolté tous nos Architectes, du moins devroit-on mettre quelque addresse à nous tromper par des raisonnemens vrai-semblables, & capables de faire illusion.

L'auteur a raison quand il blâme la multiplicité des retours de l'entablement sur toutes les colonnes. Cependant il nous permet de former des corps avancés dans une façade, non point par une raifon d'optique & de proportion qui fonde la néceffité d'interrompre l'ordre des grandes façades & d'en varier les formes fur un long efpace, mais parce qu'ils font, dit-il, comme autant de petits bâtimens détachés du corps de l'édifice. Raifon fi finguliere & fi bizarre, qu'elle n'eft encore entrée dans l'efprit d'aucun Architecte.

L'auteur paffe enfuite aux Frontons, & il dit, *que le Fronton étant la derniere piece du bâtiment, & repréfentant le pignon d'un toît, il ne peut être placé que fur la largeur de l'édifice*, c'eft-à-dire fur le côté. Examinons les effets de cette décifion.

Si l'on donne au Fronton la proportion la plus convenable, la plus gracieufe & aujourd'hui la plus pratiquée, qui eft celle d'avoir l'excédent de la diagonale du quarré, le comble qui en suivroit la forme seroit beaucoup trop plat pour notre climat abondant en pluie, qui dès qu'elle seroit chassée par un vent un peu violent, & encore plus par les ouragans, si communs en ce païs-ci, refluéroit entre les ardoises, & ruineroit la charpente. L'idée de l'auteur est donc impraticable. Si l'on donne au Fronton plus d'exhaussement que celui prescrit par les bonnes règles, sa forme sera insupportable à la vûe, & représentera celle de nos anciennes couvertures de maisons & de nos Eglises gothiques.

Peut-être, dira-t'il, pour rendre sa décision plus supportable, qu'il entend donner toute la grace possible aux frontons des pignons du comble en y marquant des croupes. Mais alors ces croupes ne formeroient-elles pas des angles qui répéteroient ceux des frontons, défaut que les Architectes sensés ont grand soin d'éviter ? Il y a plus, c'est que si le bâtiment étoit fort large, & que ce fut un double, alors le fronton seroit monstrueux, & l'expérience nous apprend qu'il produit un effet ridicule, lorsqu'il couronne un corps qui n'a pas au moins autant de hauteur que de largeur, ainsi qu'on peut le remarquer à celui qui fait face au manège des Thuilleries, & d'ailleurs l'on tomberoit toujours dans les défauts que nous avons remarqués.

L'auteur, au sujet des frontons, fait une nouvelle critique de la façade du Louvre, où il n'est pas plus heureux qu'à la premiere. Il blâme le grand homme qui en a donné le dessin, d'avoir terminé le pavillon du milieu par un fronton. Mais ce n'est pas assez de poser de mauvais principes, il faut encore en suivre les conséquences ; sans quoi après avoir été convaincu de témérité, on l'est encore de peu de logique dans l'esprit. A l'article des Entablemens, l'auteur n'a-t'il pas permis de marquer des Pavillons sur la longueur d'une façade qu'il métamorphose en autant de petits bâtimens détachés du corps de l'édifice ? Or le fronton qui termine celui du milieu de ce Peristile étant dans ce cas, se trouve donc absolument nécessaire, puisqu'en représentant le pignon de son comble, il y est placé suivant les loix de ce grand législateur. Voilà donc sa deuxième bévûe dans la critique de ce beau monument.

Mais pourquoi ce censeur de tous nos abus, en parlant des Frontons, a-t'il passé sous silence les frontons brisés, dont les corniches coupées ou profilées offrent à l'œil deux cornes affreuses qui ressemblent plutôt à un édifice ruiné qu'à un couronnement agréable, les frontons sans retour ou sans base, ceux qui ne sont point profilés au bas des corniches rampantes, ou dont la corniche de niveau a été supprimée, ceux qui sont postiches n'étant soutenus d'aucun avant-corps qui porte de fond; les frontons par enroulemens, les frontons doublés &c. tous intolérables dans la bonne Architecture ? C'est une omission que l'on ne peut pardonner à ce sevère Aristarque. Il blâme à la vérité les frontons cintrés comme opposés à la forme d'un pignon leur origine primitive. Et pourquoi ne l'employera-t'on pas en certain cas comme un ornement dès qu'il en forme un très agréable ? Réduire toute l'Architecture aux lignes parallèles, aux horisontales, à des à plomb, aux frontons pointus, n'eſt-ce point auſſi trop la borner ? Il ne ſera plus beſoin de génie pour être un habile Architecte en ſuivant une route ſi frayée & ſi étroite. L'expérience nous démontre qu'un fronton cintré termine agréablement un pavillon qui a peu de largeur, ainſi l'auteur voudra bien nous permettre d'en continuer la pratique. Alors par reconnoiſſance nous conſentirons à le bannir des avant-corps percés de trois portiques ou de trois croiſées, ſon effet en ce cas n'étant preſque pas ſupportable, parce qu'il paroît d'une peſanteur aſſommante. On voit le mauvais effet du fronton circulaire, dès qu'il a un peu d'étendue, le Portail des Religieuſes de ſainte Elizabeth vis-a-vis le Temple en eſt un exemple.

Nous marchons toujours ſur les pas de l'auteur, en ſuivant le même ordre que celui de son ouvrage. Examinons à présent ce qu'il dit des différents étages d'Architecture.

L'auteur veut retrancher des ordres des étages inférieurs les modillons, les denticules, les trigliphes, & les métopes, parce qu'ils représentent les extrêmités des différentes pieces de charpente. *Les y admettre*, dit-il, *c'est une faute grossiere que rien ne force à commettre.* Il prétend encore *qu'il faut supprimer dans les ordres de chacun de ces étages, la frise & la corniche pour n'y laisser qu'un simple architrave, parce que la grande saillie des corniches n'est que pour servir d'appui aux avances des toits destinés à écarter du mur la chute des eaux ;* d'où il conclut, *que la corniche rappellant l'idée d'un toit, elle ne doit avoir lieu qu'au plus haut étage. Que d'ailleurs la grande saillie des corni-*

ches tranche trop vivement, trouble l'harmonie, & n'offre plus que des parties séparées d'où il ne résulte pas un tout, parce que chaque ordre représente un bâtiment complet. Par combien de raisons solides on pourroit renverser tous ces préceptes ! Bornons-nous à examiner si ce qu'il propose est praticable.

Il dit à la page 50, qu'en mettant deux ordres l'un sur l'autre, il faut surtout éviter les porte à faux, qui de tous les vices sont les plus opposés au naturel. Il veut avec raison que les axes des colonnes supérieures & inférieures se répondent, de façon qu'elles ne soient qu'une seule & même ligne. Nous allons faire voir qu'en suivant la maxime qu'il propose, l'on tomberoit infailliblement dans le défaut qu'il recommande d'éviter.

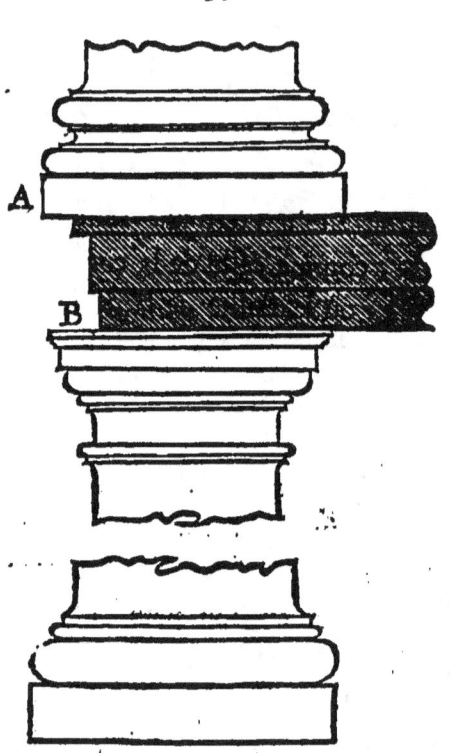

Le Plinte A de chacune des bases des colonnes, failliroit de cinq pouces & demi sur la face inférieure B. de l'architrave, en supposant le diamètre inférieur de la colonne Dorique du rez de chauffée de trente-six pouces, grosseur moyenne. Quel misérable effet n'en résulteroit-il pas ! Cette saillie ridicule offriroit-elle à l'œil une solidité apparente, comme celle de la corniche conservée, où la saillie de la face des mutules est plus grande que celle des bases qui sont au-dessus ; les moulures au-dessous de cette face forment un encorbellement, & la saillie du surplus de la corniche couvre encore ce porte à faux, l'édifice étant vu de face qui est son point de vue naturel.

L'auteur à la vérité dit, page 46, *que tout au plus seroit-il permis d'ajouter à l'architrave quelques membres de corniche, comme un quart de rond, un reglet, & une cimaise, afin de rapprocher un peu moins les bases des co-*

lonnes supérieures, des chapiteaux des inférieures. Mais, outre que ces trois moulures, que l'auteur propose, formeroient un profil insupportable, l'œil ne se contenteroit jamais d'un si foible encorbellement.

D'ailleurs la saillie de l'architrave portée sur des colonnes isolées, qui auroit deux fois sa hauteur, paroîtroit encore trop foible. Je dis plus, il ne pourroit se soutenir dans les entrecolonnes. L'auteur répondra, s'il ne peut se soutenir, comment portera-t'il le poids de l'augmentation de la frise & de la corniche? C'est qu'alors les claveaux comprendroient la hauteur de l'architrave & celle de la frise, & ces claveaux étant en cônes tronqués, plus ils ont de longueur, plus leur extrados a de largeur & conséquemment de force.

Mais un inconvénient encore plus

grand, c'est que l'on verroit ensemble trois corps différens, savoir le chapiteau de la premiere colonne, la base de la deuxiéme, & le mince architrave, & ces trois corps étant presque de même hauteur & chargés d'un grand nombre de moulures, formeroient à l'œil un parfait galimathias & une confusion bisarre & insupportable.

Dès que l'auteur ne l'a pas senti, on peut conclure qu'il sait assez bien écrire, mais que souvent il n'entend pas ce qu'il écrit, & qu'il raisonne en aveugle sur l'union des différens corps d'Architecture.

Encore une réflexion sur cette derniere idée de l'auteur. Si une façade de celle de la longueur des Thuilleries étoit décorée suivant son système, l'architrave qu'il veut être le seul objet qui sépare les colonnes des étages, ne paroîtroit aux extrêmités de cet édifice, que de l'épaisseur d'une brique ; car plus un objet a de longueur, plus sa hauteur paroît diminuer. D'ailleurs, si l'on eut décoré l'augmentation de ce palais des mêmes ordres qui sont employés à la partie du milieu, les entablemens eussent paru beaucoup trop foibles aussi-bien que leurs colonnes, ce simple architrave seroit devenu un filet ; nouvelle raison d'affirmer que ce sistême est très-mal conçu, vicieux à tous égards, & impraticable dans aucune façade de quelque étendue qu'elle puisse être.

Venons aux Dômes. *C'est*, dit l'auteur, *une chose monstrueuse de voir un peristile entier de colonnes porté sur quatre grandes arcades qui ne leur offrent qu'un fondement faux, parce qu'il est excavé.* Mais la voûte d'une Eglise appuyée sur de simples colonnes, comme il l'a exigé ci-deſſus, paroîtroit-elle beaucoup mieux ſoutenue qu'un Dôme porté ſur quatre pendentifs qui rachetent ſa rotondité ? Les quatre arcs doubleaux en plein cintre préſentent-ils moins de ſolidité que vos architraves en plate-bande ? Je conviens qu'un Dôme paroiſſant fort élevé & dégagé d'appuis trop maſſifs, frappe d'abord le ſpectateur de quelque ſurpriſe, mais dès qu'il s'apperçoit que les arcs doubleaux ont des culées plus que ſuffiſantes, il eſt bientôt raſſuré.

D'ailleurs y a-t'il quelque néceſſité que l'intérieur d'un Dôme ſoit décoré par un periſtile de colonnes ? Ne le feroit-il pas bien mieux par des Pilaſtres qui lui donneront beaucoup plus de légereté ? Comme aux Egliſes du Jeſus à Rome & des Invalides à Paris. Envain l'auteur veut les proſcrire, il eſt mille
endroits

endroits en Architecture où ils feront toujours employés avec raifon & avec un heureux fuccès. Son averfion pour les Dômes n'aura pas plus de partifans, ils feront toujours la principale beauté d'une Eglife, ils y ajouteront la perfection par la magnificence de leur décoration, par l'avantage du beau jour qu'ils y répandent, par leur légereté fi agréable à la vue qu'ils paroiffent au dedans prefqu'en l'air fans effrayer les regards des fpectateurs. A l'égard du dehors, ne font-ils pas appuyés fur un maffif quarré contre lequel les combles fe terminent, & fur un autre maffif à pans, enfin fur une bafe circulaire fur laquelle tout le haut paroît porté ? Je ne fuis plus étonné du défaut de juftefle dans les préceptes de l'auteur, dès qu'il n'a pas fenti l'effet fuperbe de la décoration des Dômes foit à faint Pierre de

E

Rome, soit même à celui des Invalides à Paris, qui, quoiqu'il lui soit très inférieur en proportion, il ne l'est nullement en magnificence. Son Architecture est un chef-d'œuvre de grand goût, & d'excellente construction soit au dedans, soit au dehors, où il est encore plus admirable par l'accord de toutes ses parties qui s'élevent par retraites sans que l'une nuise à l'autre & qui tendent toutes par gradation a la figure piramidale de sa coupole qui met le comble à sa grace & à sa légereté.

N'est-il pas souverainement ridicule de préfenter une tour bâtie fur la charpente d'un toit ? ce sont les paroles de l'auteur. J'ai remarqué que lorsqu'il veut ridiculifer quelques défauts en Architecture, le ridicule tombe assez souvent sur celui de son raisonnement. Il faudra donc faire abattre tous les Belvederes qui terminent avec tant de grace de si beaux Palais en Italie, à Paris & dans l'Europe, parce qu'ils portent sur la charpente d'un toît ! qu'il fasse grace au moins à ceux qui portent de fond, & qui donnent de si beaux jours dans les édifices. Je crois cependant que l'on en gardera l'usage par la variété des formes & des embellissemens dont ils sont susceptibles & par l'agrément de la figure piramidale qu'ils donnent aux combles.

L'auteur veut ensuite nous prouver physiquement la nécessité des portes & des fenêtres dans un édifice, mais entraîné par son aversion pour les arcades, il commence par condamner celles dont la forme est cintrée, & veut que toutes les portes & les croisées soient quarrées, c'est-à-dire fermées en plates-bandes. *Les cintrées*, dit-il, *sont obligées à des arriere-voussures en dedans pour l'ouverture des battans ; ce qui sent trop l'art & la contrainte.* Il s'enfuit de ce raifonnement fi peu fenfé & qu'il applique par tout où il n'en a aucun raifonnable pour autorifer fes goûts finguliers, que l'on doit profcrire de l'Architecture tout ce qui paroît être l'ouvrage de l'art ; peut-on imaginer que de pareilles maximes auront quelque crédit ? Les arriere-vouſſures font l'ouvrage de l'art ainfi qu'une infinité d'autres inventions en Architecture, elle a de grandes obligations à leurs inventeurs par les avantages qu'elle en retire. Les arriere-vouſſures confolident la fermeture des croifées, & ajoutent beaucoup de lumiere aux plat-fonds, elles offrent aux yeux par leurs formes agréables & différentes, cette variété fi utile au plaifir quand on peut en tirer de l'agrément fans bleffer les regles & les proportions dans les décorations intérieures. Tout le monde convient que les croisées & les portes fermées en platte-bande ou en plein cintre font les plus parfaites, cependant il condamne ces dernieres, *parce que le plein cintre*, dit-il, *laisse de part & d'autre sur le nud du mur une figure irréguliere, cest-à-dire un triangle rectangle, &c. Ces sortes d'espaces irréguliers font toujours un mauvais effet, & obligent à y placer des ornemens bisarres sans autre raison que celle de couvrir un défaut qu'il faudroit éviter.* Mais ne sauroit-on supprimer ces triangles & ces ornemens bisarres ? Des figures appuyées sur l'archivolte ou de belles chûtes de festons ne sont-elles pas très propres à orner sans bizarrerie le vuide de ces emplacemens ? Leurs agrémens dans nos plus beaux édifices en sont une preuve sans réplique. L'auteur

E iij

doute que l'on puisse trouver des exemples des portes & des fenêtres en plein cintre dans les bons monumens de l'antiquité, mais ou il n'a pas voulu les voir, ou il perd la mémoire quand il lui plaît de ce qu'il a vû. Les vestiges du temple de la paix qui se trouvent à Rome près sainte Marie la neuve sur le chemin appellé *Via Sacra*, & que l'on dit être au même lieu où étoit autrefois le palais de Romulus & d'Hostia. Ce temple qui fut commencé par Claudius & conduit à sa perfection par Vespasien, est percé dans sa façade d'entrée par trois portiques en plein cintre, & au-dessus d'eux de trois croisées de la même forme.

Au de-là de la porte qu'on nomme de sainte Agnès à Rome, il y a un ancien temple qui est encore assez entier, & à présent dédié à sainte Agnès.

L'entrée du porche est ouverte par trois portes en plein cintre, & les croisées du Dôme ont la même fermeture.

Au Pantheon aujourd'hui la Rotonde, que l'on croit avoir été construit par M. Agrippa quatorze ans après la mort de J. C. la porte est en plattebande, mais elle est entre deux portiques en plein cintre, l'un est du côté du peristile, & l'autre du côté intérieur du temple; en face de ce dernier il y en a un autre de même forme. L'on perdroit trop de tems à rapporter tous les autres exemples des édifices anciens & admirés où il se trouve des portes & des croisées fermées en plein cintre.

Mais pourquoi après avoir condamné les portes cintrées dans tous les édifices, les permet-il aux arcs de Triomphe? Leur défaut n'y est-il pas beaucoup plus choquant & plus sensible par la gran-

E iv

deur des ouvertures ? Rien ne prouve mieux le caprice de ſes goûts & de ſes déciſions, & qu'ils ne ſont nullement fondés en raiſon, que les contradictions continuelles qui ſe trouvent dans ſon ouvrage. La fauſſeté de ſon principe qui veut tout rapporter à la ruſticité des premieres cabanes, le jette à tous momens dans des erreurs palpables. Il rappelle toujours la groſſiere nature abandonnée des ſecours & des agrémens de l'art, & il s'efforce de la méconnoître dès qu'elle en eſt aidée & embellie. Son averſion ſans aucune raiſon pour les arcades, l'a mené à celle des portes & des fenêtres cintrées & lui fait tout réduire au quarré. Ainſi les ornements du dedans des édifices, tous les panneaux en marbre, en pierre, en menuiſerie ſeront bornés à cette forme, n'y ayant pas plus de raiſon de la ſouffrir dans l'intérieur, dès qu'elle n'eſt pas ſupportable dans les dehors. Les décorateurs des appartemens n'auront garde d'obéir à des loix qui mettent des bornes ſi étroites à leur génie & à la variété des compoſitions.

Comme l'auteur ne parle point, ou très ſuperficiellement des choſes eſſentielles à obſerver, lorſque l'on décore une façade de portes & de croiſées de différentes formes & de diverſes grandeurs, d'où dépend la variété élégante de leurs effets, on renvoye le lecteur à une diſſertation raiſonnée & approfondie à leur ſujet qui ſe trouve dans le deuxiéme Volume de l'art de bâtir les maiſons de campagne page 130.

Nouvelle anthipathie de l'auteur, & par conſéquent nouveau paradoxe. Il ſe déclare ennemi irréconciliable des Niches, & *fera main baſſe ſur toutes celles qui se présenteront.* Quelles ruines, & quels débris offriroient aux regards nos plus beaux édifices, si la plume de ce nouveau Vitruve avoit autant de force, & de solidité de raisonnement qu'elle a de hardiesse ! Niches, Pilastres, Arcades, Amortissemens, tout seroit abbatu. Mais rassurons nous, ces renversemens n'auront de réalité que dans ses écrits.

La raison de sa haine pour les Niches, *c'est qu'il n'en a point vu dans son chemin.* Mais où donc a voyagé ce grand Architecte ? Quels édifices à-t-il observé ? Faut-il encore lui répeter ce que je viens de lui dire, qu'il ne veut point voir ce qu'il voit, ou qu'il le voit différemment de tous les autres, ou qu'il a la faculté d'oublier entierement tout ce qui contrarie ses aversions. Quiconque aura étudié, même légèrement & dans les seules gravûres les bâtimens antiques, pourra-t'il ignorer que les Niches sont prodiguées dans les ouvrages des Grecs & des Romains ? Tous les temples des premiers, leurs Basiliques, leurs Thermes, leurs Palais, leurs édifices un peu remarquables n'en sont-ils pas ornés ? Ils y plaçoient dans leurs temples leurs idoles & leurs fausses divinités, les Romains leurs Empereurs & leurs grands Généraux d'armée. Il est vrai qu'elles sont presque toutes fermées en plein cintre, & cette forme qui n'est pas favorable à sa proscription des fenêtres cintrées, pourroit bien l'avoir engagé à nier hardiment qu'il en ait vû en son chemin. C'est encore dans le livre du sieur de Cordemoi, seul traité d'Architecture que l'auteur ait lu avec attention & copié avec fidélité, qu'il a puisé son antipathie pour les Niches. Je dis avec fidélité, & je me trompe, Cordemoi les blâme avec restriction, & les permet au rez de chauffée & au premier étage, mais celui-ci les exclut de tout édifice sans aucune réserve.

Qu'est-ce qu'une Niche ? demande notre savant Architecte. *A quoi sert elle ? en vérité je n'en sais rien.* Eh bien il faut vous l'apprendre. L'antiquité la plus reculée & sur tout les Grecs, les avoient imaginées pour mettre à l'abri des pluyes & des neiges leurs admirables statues, & pour les garantir des dommages auxquels elles sont continuellement exposées par leur saillie au-delà des murs. Elles sont d'un très grand ornement dans l'Architecture, elles participent des ordres où elles sont placées, & de qui elles empruntent leurs formes & leurs proportions, aussi-bien que du caractère de la statue qui doit y entrer, & de sa position. Les divers ornemens dont elles sont susceptibles ajoutent beaucoup à la richesse de leurs effets. L'auteur pouvoit les blâmer avec raison, lorsqu'elles sont trop serrées entre des colonnes ou des pilastres, comme à l'Eglise de saint Pierre de Rome, ou au Portail du Val-de-grace. Mais lorsque leur largeur a environ le tiers de la hauteur des pilastres ou des colonnes qui les avoisinent, & qu'elles sont remplies d'une statue dans ses proportions, c'est-à-dire que ses yeux sont au niveau de l'imposte, elles forment un aspect très agréable. Alors la décoration d'une figure, jointe à celle d'une belle place faite pour la recevoir, compose un tout extrêmement riche, & qui plaît à tous les spectateurs. Mais il faut que la Niche soit ornée de sa statue, sans elle ces excavations des façades font des vuides choquans.

Quand l'auteur dit qu'une statue n'est jamais bien placée que sur un piédestal, il a raison, parce qu'il est très vrai que c'est sa position la plus favorable. Mais seroit-il encore possible qu'il n'eut jamais vu que des Niches sans piédestaux? Parmi un grand nombre d'autres ignoreroit-il celles du beau sallon de Clagni dont le bâtiment est le chef-d'œuvre de Jules Hardouin Mansart? Qu'il les voye donc, & il y trouvera des niches avec leurs piédestaux dans les plus belles proportions & les ornemens les plus sages & les plus convenables. Alors il sera forcé d'avouer, s'il ne veut point encore s'aveugler, que loin de mériter la destruction prochaine qu'il leur annonce, elles trouveront peut-être grace à ses yeux comme un des plus grands embellissemens des façades soit extérieures, soit intérieures, lorsqu'elles n'y seront point prodiguées ; comme dans la cour du Louvre où l'auteur a été forcé de les placer hors de propos pour la seule raison de s'accorder avec l'ancienne ordonnance de l'Architecture du fond, elles y font un très mauvais effet sur.tout étant vuides & sans statues. Cependant que l'auteur les proscrive, ou qu'il les tolère, le sentiment d'autrui n'ayant jamais le droit de lui plaire, nos Architectes en garderont certainement la pratique, en les employant sobrement, & en évitant de les élever au-dessus de la hauteur d'un premier étage.

Je pense bien que nos sculpteurs ne le croiront pas plus sur sa parole, quand il avance *que les contours des figures sont effacés par leur renfoncement.* L'auteur a une optique qui lui est toute particuliere, & presque toujours opposée à celle des autres qui préfente à leurs yeux, dans la cavité de la niche, un fond plus obfcur, & qui détache beaucoup plus la ftatue que fi le grand jour paffoit par derriere. Ainfi loin que les contours en foient effacés, ils en font plus fenfibles, & plus décidés, les deux côtés de la Niche enfermant les rayons de l'œil en les empêchant de s'écarter & de gliffer fur la fuperficie plane d'un mur. On en a un exemple dans les bordures des tableaux, qui loin de nuire aux effets de l'illufion, leur font très avantantageufes par la même raifon qu'elles renferment le champ du tableau, & ne permettent pas à l'œil de fe porter ailleurs. Les figures qui ne font point faites pour être ifolées & vues circulairement, feront donc toujours placées avantageufement dans les Niches, ayant attention que l'extrêmité de leur faillie foit avancée jufques au niveau du mur. Ce

Ce n'est pas assez pour l'auteur d'avoir ruiné les Niches, il veut encore renverser ces grandes consoles qui flanquent communément le haut des façades de nos Eglises. Je voudrois bien, dit-il, qu'on m'expliquât ce qu'elles signifient. Ce qu'il appelle improprement, consoles, sont les adoucissemens qui s'élèvent en diminuant pour unir un premier ordre à un deuxiéme de moindre diamètre, ou un deuxiéme à un couronnement. Il voit toujours les objets singulierement; il les trouve *désagréables*, & *dit qu'ils sentent trop la peine & le travail pour les exposer aux yeux.* Son raisonnement n'est point juste. Comment raccorder agréablement les étages inférieurs des ordres avec les supérieurs qui auront beaucoup moins de largeur sans le secours de ces adoucissemens ? Ne donnent-ils pas de la

F

grace & de l'élégance aux façades, à l'extérieur des Dômes, & à toutes les compositions élevées, en ce qu'ils contribuent à leur forme piramidale si recommandée par nos grands maîtres qui les ont employés ? Voila ce que signifient ces grandes consoles dont il demande l'explication, & qu'il veut confondre avec des contreforts ou arcs-butans dont le contour est très différent, ces adoucissemens se terminant presque toujours par des volutes dans le haut & dans le bas. Quel désagrément peut-il voir dans ces objets, & que veut dire *ce travail & cette peine qu'il leur fait sentir?* Est-il de profil d'une plus grande simplicité, & ne sont-ils pas nommés *adoucissemens* parce qu'ils adoucissent à la vue les vuides des angles droits & les passages trop rudes d'un corps à un autre ? De pareilles critiques font peu d'honneur à son goût & à ses observations.

L'auteur dit enſuite que nos Artiſtes lui voudront bien du mal de ce qu'il vient les troubler dans la poſſeſſion des libertés qu'il condamne, mais qu'il ſe raſſure, ſur leur haine qu'il prévoit s'attirer en les dépouillant de leurs poſſeſſions & en les forçant d'avouer leurs erreurs, & les ténèbres où ils étoient plongés juſqu'à ce que ſa nouvelle lumiere les eut éclairés. Je puis lui répondre de leur indifférence, & d'un ſentiment plus humiliant ſur ſes arrêts, & même à l'égard de preſque tout ſon ouvrage.

Il s'excuſe quelques lignes après, de n'avoir point voulu flétrir la réputation des maîtres de l'art & des grands Architectes. Il pouvoit encore s'épargner un aveu qui a dû beaucoup coûter à ſon amour propre. Les talens & le mérite de ces grands hommes ſont d'une hauteur trop élevée pour être à la portée de ſes traits. L'eſtime & la vénération que l'on a pour les Debroſſes, les Manſart, les Perrault, les Blondel, & tant d'autres, n'auroit pas diminué d'une ligne par ſes critiques.

Il veut enſuite que nos Architectes d'aujourd'hui ayent à le remercier des *très-grandes reſſources qu'il leur laiſſe, & qu'avec le peu qu'il leur met en main, s'ils ont du génie*, il aſſure *qu'il leur laiſſe plus qu'il ne leur retranche*. Mais en vérité n'eſt-ce pas ſe moquer d'eux? Où ſont donc ces très grandes reſſources qu'il leur laiſſe & dont par conſéquent ils étoient privés avant lui? Où eſt même ce peu qu'il leur met dans les mains? Nous a-t'il donné une ſeule règle, une ſeule proportion, un ſeul ornement nouveau dans l'Architecture? Faut-il que l'amour propre nous ennivre, & nous porte juſqu'a cet excès d'aveuglement ? Que cet exemple serve au moins de leçon aux esprits hardis & présomptueux, & qu'il leur apprenne à être plus sages & plus modestes. Si son ouvrage peut produire cet heureux effet, quelque peu d'utilité qu'en reçoivent nos Architectes qui n'y ont trouvé aucune nouvelle découverte pour leur art, nos médiocres écrivains en pourront retirer un grand avantage.

L'on ne suivra point l'auteur dans ses chapitres sur les différens ordres d'Architecture en général & sur chaque ordre en particulier. Tout ce qu'il dit de leur origine, des lieux où ils ont pris naissance, de leur proportion, du détail de leurs parties, des lieux & des occasions où il les faut employer, des abus où sont tombés plusieurs Architectes dans l'emploi de leurs beautés, & de leurs réciproques avantages, &c. tous nos traités d'Architecture & nos livres de descriptions d'édifices étant remplis des mêmes détails que ceux de l'auteur sans aucune réflexion nouvelle & remarquable, nous passerons à sa dissertation sur les édifices où il n'y a aucun ordre d'Architecture.

Les réflexions que fait l'auteur à leur sujet sont très-judicieuses. Elles prouvent son sentiment intérieur de cette vérité, *Que les principes des vrayes beautés de l'Architecture émanent des proportions.* L'on ne sçauroit trop approuver tout ce qu'il dit à cette occasion, & il seroit à souhaiter que plusieurs de nos Architectes lussent ses raisonnemens avec assez d'attention pour se bien convaincre que le goût seul dépourvu de regles, ne sauroit être qu'un guide propre à les égarer.

Mais je crains bien qu'il ne se soit égaré lui-même, en permettant d'employer aux formes des bâtimens particuliers, toutes les figures géometriques régulieres, depuis le cercle jufqu'à l'ellipfe la plus allongée, & depuis le triangle jufques au poligone le plus multiplié pour varier les façades à l'infini. N'eft-ce pas donner trop de licence aux Architectes, & ouvrir une carriere fans bornes aux extravagances de leur imagination? Elle enfantera fans fcrupule les formes les plus bizarres, fans s'émbarraffer des effets ridicules des retours des profils qui doivent néceffairement être à angles droits. Les diftributions ne feront ni dans l'ordre ni dans la relation qu'elles exigent. Combien de terrein perdu par les angles! Où trouver des piéces dans l'intérieur, qui puiffent fervir aux ufages les plus ordinaires, fans parler du dégoût révoltant qu'exciteront ces formes ridicules! On a un exemple affez récent

F iv

& parfaitement complet de tous ces défauts, dans un petit bâtiment à deux lieues de Paris, qui est un chef-d'œuvre en ce genre : la bizarrerie de son plan y est portée à l'excès, & l'a rendu entiérement inhabitable. On l'a nommé avec justice le palais de Momus. Si l'on a osé l'élever malgré les regles & les bienséances respectées encore par plusieurs de nos artistes, que n'osera-t-on pas, étant autorisé par des écrits publics ! L'on verroit tous les jours sortir de terre les édifices les plus monstrueux, à la honte du goût & de la raison.

L'auteur loue beaucoup à ce sujet la façade du college des quatre Nations, il dit: *qu'il est presque le seul de nos bâtimens où l'on trouve du neuf & du singulier... qu'il fixe particuliérement l'attention, & que sa forme élegante vient du mélange gracieux des lignes courbes &*

droites de son plan. Je ne saurois être de son avis à cet égard, ou plutôt de celui de Cordemoi de qui il emprunte toutes ses idées. Si de pareils édifices, où il y a si peu de génie, suffisent pour l'enchanter, certainement son goût n'est ni délicat, ni difficile. De quel effort d'imagination étoit-il donc besoin pour tracer une portion d'ellipse, y placer dans le milieu un corps avancé & un arriere corps, avec un Dôme sans proportion avec le total, & dont l'intérieur, & celui de toute la chapelle, n'offre aux yeux que pesanteur, grossiereté, jours défectueux & désagréables dans le lieu de Paris le plus susceptible de lumiere, des arcades sans nombre & assommantes par leur lourde construction, enfin une façade terminée par deux pavillons énormes déplacés, & dont les formes monstrueuses, sans relation avec l'édifice, & fans goût dans leur décoration ; préfentent l'afpect le moins élégant & le plus défagréable. En vérité fi l'auteur n'a pas d'autres modéles à propofer pour les heureux effets du mélange des figures curvilignes & rectilignes, la peine qu'on a prife à les réfuter, étoit inutile, & de pareils exemples font plus perfuafifs que tous les difcours.

Ce feroit tomber dans une autre extrêmité que de vouloir gêner les Architectes jufqu'à leur interdire toute licence, il en eft d'heureufes qui fans trop s'écarter des régles & de la noble fimplicité qu'exigent les formes des édifices particuliers, ne laiffent pas d'offrir aux yeux des nouveautés fages & agréables. Il eft donc à propos dans les bâtimens, où les propriétaires veulent faire une certaine dépenfe, de fortir des routes trop battues, & d'imaginer des conftructions moins triviales pour satisfaire leur goût, dès qu'il est ennemi de la bizarrerie. Nous en avons un exemple dans une maison construite depuis peu d'années dans l'extrêmité de la rue Richelieu à la Grange Batteliere, où l'architecte a su éviter la monotonie, & y mettre de la nouveauté & de la variété, sans sortir des belles proportions & des formes agréables.

Le sentiment de l'auteur est très judicieux, lorsqu'il fait dépendre la beauté des édifices de trois choses, de l'excellence des proportions, de l'élégance des formes, & du choix & de la disposition des ornemens. Mais son jugement ne s'accorde plus avec la vérité en ce qu'il dit des rapports de leur hauteur avec leur longueur. Il prétend que *de tous les dégrés d'élevation possibles, il n'y en a qu'un seul de bon sur une longueur don-*

née, que l'œil du spectateur trouvera toujours du trop haut ou du trop bas jusqu'à ce qu'il rencontre cet unique dégré qu'il cherche machinalement. Il résulteroit une grande erreur de ce systême, c'est que tous les édifices d'une même longueur seroient fixés à une même hauteur, ce qui est certainement faux. L'œil sera toujours satisfait, si cette hauteur est en rapport harmonique avec la longueur, pourvû que le parallelograme de la façade n'ait rien d'outré. L'auteur auroit du lire les excellentes régles que Leon-Baptiste Albert nous a données sur cette matiere, elles l'auroient éclairé sur la fausseté de son opinion, & convaincu de la vérité du contraire, par les raisonnemens sensibles & solides de cet habile Architecte, ausquels tous ceux de bon-sens demeureront inviolablement attachés.

L'auteur est fondé en raison, lorsqu'il dit : *Qu'à la proportion du total, doivent répondre avec la même exactitude les proportions de chaque partie, & qu'elles soient tellement d'accord, qu'il en résulte un ensemble qui plaise.* Il se plaint avec un juste sentiment *de ce que nous n'avons sur un point aussi important, aucune régle bien assurée, & de ce qu'il ne nous est point suffisamment connu.* Il est vrai que cette partie essentielle de l'art a été trop negligée, & que nos auteurs en ont dit assez peu de choses dans leurs écrits. Cependant les bons principes & les régles générales qui s'y trouvent, suffiroient pour instruire nos Architectes, s'ils vouloient se donner la peine de les étudier avec attention, & d'en tirer de suffisantes lumieres pour ne point agir au hazard, & pour être détrompés de la fausse & dangereuse maxime que la plûpart ont adoptée, *que le caprice aidé du goût, doit être la seule régle de leur art.* Cette illusion est capable de faire disparoître les vrayes beautés de l'architecture, & de les anéantir, si quelque habile artiste n'a le courage de remettre devant les yeux les proportions que les plus célébres architectes anciens & modernes ont suivies pour régler leurs édifices généralement admirés, & c'est ce que l'auteur paroît désirer avec un zéle très-louable.

Tout ce que l'auteur dit ensuite sur la *solidité* des Bâtimens est très-bien, & sur-tout quand il attribue ce défaut à l'avarice des ouvriers, dont le public est tous les jours la victime. Envain s'excusent-ils sur l'économie des proprietaires, puisque ceux qui ne veulent rien ménager sur le prix, sont autant trompés que les autres. Il a raison de demander à un architecte de la noblesse dans les sentimens qui le distinguent du vil mercénaire. Rien n'est plus vrai que la maxime qu'il s'efforce d'établir, *que dès que l'envie de s'enrichir domine, tous les sentimens d'honneur sont perdus*, & que les arts souffrent autant que les mœurs de cet esprit d'intérêt qui a gagné & gangrené toutes les professions & tous les états même les plus respectables. Il exhorte ensuite nos artistes avec un zéle très-louable, d'unir la solidité avec la délicatesse, ce qu'il regarde comme la perfection de l'art. Il propose pour modele les édifices gothiques admirables en ce point, quoique ridicules d'ailleurs. Il leur oppose le peu de solidité de nos édifices modernes ; tels que ceux de l'Abbaye S. Denis, & l'énorme amas de pierres dans ceux de S. Sulpice, & conclut très-sensément qu'étant plus habiles que ces anciens Architectes dans l'art de la décoration ; nous sommes restés bien loin derriere eux dans celui de la construction.

Tout ce que l'auteur ajoute ensuite sur la commodité des Bâtimens, sur leur situation & sur leur distribution la plus avantageuse, est fort bien dit ; mais les mêmes observations, à très peu de chose près, se trouvent dans tous nos traités d'Architecture & sur tout dans les derniers, ainsi l'on ne s'y arrêtera point.

L'article qui suit des bienséances dans les Bâtimens, est plein de bon sens & de remarques judicieuses. Celles sur l'indécence dans nos Eglises des nudités en peinture & en sculpture ne sauroient être trop louées. La critique qu'il fait de la forme & de la position de la nouvelle Eglise des Invalides, est très juste,

à

à celle du Dôme près, qui lui déplaît fans autre raifon que celle de fon averfion générale pour tous les Dômes. L'idée d'y conftruire les maufolées de nos Rois feroit bonne, fi elle étoit praticable dans un lieu où l'efpace néceffaire manqueroit de toutes parts.

La cenfure de la façade du Château de Verfailles du côté des avenues étoit inutile, n'étant qu'une répétition de celles qui ont été faites dans nos derniers écrits, auffi-bien que des confidérations qui obligerent Louis XIV. à conferver cette partie du Château.

Il blâme, avec raifon dans la place Royale la trop vafte enceinte de fon preau enfermé par une grille, & les deux pavillons qui ferment les deux principales entrées. Mais il a tort de vouloir faire murer les portiques des bâtimens du rez de chauffée. Quelque écra-

G

fés qu'ils foient, il feroit ridicule de priver les gens de pied d'un abri auffi commode contre la pluie & les voitures. Il feroit même à fouhaiter qu'il y eut dans Paris en beaucoup d'endroits de femblables portiques pour la fureté & l'avantage du public.

En relevant les défauts de l'Architecture de la Place de Louis le grand, celui de fa monotonie, & de n'avoir que deux iffues fans aucune enfilade de rues, il a oublié un des plus frappans, qui eft d'avoir placé des Frontons fur les quatre pans coupés que l'on a conftruit contre toutes les règles dans les encognures.

L'auteur parle enfuite des Places, & ce fujet le mène tout naturellement aux projets faits en dernier lieu pour celle de Louis XV. Il trouve ridicule de placer fa ftatue entre le pont des Thuilleries, & les Champs Elyſées. Il eſt vrai que les bons citoyens, & les gens ſenſés gémiſſent de voir l'image de leur Roi relégué dans les champs & hors de Paris, lorſqu'elle pourroit être placée en beaucoup d'endroits dans la ville à très peu de frais & ſans preſque rien abattre; & par là lui procurer la décoration d'une place ſi néceſſaire en pluſieurs quartiers, & ſur tout au fauxbourg ſaint Germain. Nos Architectes ont fait à ce ſujet des plans dignes de les immortaliſer, entr'autres M. de Boffrand. Il plaçoit ſa figure aux halles, & débarraſſoit ce vaſte emplacement de l'horreur des bâtimens entaſſés peſle-meſle & ſans aucun ordre, qui le ſuffoquent, & en ferment toutes les avenues ſi néceſſaires, (& au point que la plûpart des voitures qui y amènent les denrées les plus importantes, ſont ſouvent obligées de paſſer la nuit ſans pouvoir les décharger, & quel tort pour ces particuliers ! Son plan admirable & digne d'un excellent citoyen, les faiſoient arriver dans une place extrêmement grande de la forme d'un quarré allongé & environné de portiques fort ſpacieux pour pouvoir contenir toutes ces denrées & les mettre à l'abri. Il y avoit ménagé de larges accès & de la plus grande commodité ſans négliger les points de vûe, & il y plaçoit la ſtatue pédeſtre de Louis XV. groupée avec l'abondance, la prévoyance, & la ſanté. Le Roi ſe trouvoit au milieu de ſon peuple, qui lui doit être redevable de ſa vigilance pour le bon marché des denrées, & la facilité de ſa ſubſiſtance. M. de Boffrand avoit imité dans le choix de ſa place, celle de l'Empereur Trajan à Rome, ce Prince adoré, dont le plaiſir le plus ſenfible étoit de rendre fes fujets heureux. Auffi le peuple Romain qui l'avoit divinifé de fon vivant, & n'avoit pas attendu de faire fon apothéofe après fa mort, voulut lui dreffer comme à fon Pere, une ftatue dans le marché qui fut nommé depuis le marché Trajan, *Forum Trajanum*. Elle fut élevée contre la volonté de cet Empereur qui fe mocquoit des honneurs que l'on rendoit au bronze & au marbre, perfuadé, difoit-il, qu'un Souverain n'eft jamais mieux connu chés la poftérité que par fes bonnes actions.

MM. les freres Slodts également habiles en Sculpture & en Architecture, & qui pendant le féjour qu'ils ont fait à Rome, ont faifi tout l'efprit & le bon goût de l'antique & du moderne, expoferent au public le modele en relief fait avec tout le foin & toute l'intelligence poffible, d'une place dont la décoration d'un goût superbe & en même-tems sage & régulier, fit l'admiration de tout Paris. Sa position devoit être sur le bord de la Seine vis-a-vis la grande gallerie du Louvre, & son plan une portion circulaire ; dans le milieu de l'édifice étoit placé en avant-corps & richement décoré de colonnes, la principale façade d'un Hôtel de Ville dont le reste du bâtiment s'étendoit sur les côtés. Les façades de ses deux extrêmités étoient enrichies par deux grands corps d'Architecture ouverts en arcades qui servoient de débouchés à deux rues, & magnifiquement ornés. Loin de rétrécir le quai, on abattoit un de ces ridicules pavillons du College des quatre Nations qui en occupent plus de la moitié, ce qui auroit heureusement obligé dans la suite à renverser celui qui est du côté du Pont Neuf. La figure du Roi à cheval étoit posée dans le milieu de cet espace qui se terminoit sur la riviere, par deux belles rampes pour y descendre, ornées de balustres & statues couchées sur les massifs. L'exécution de cette idée si grande & si majestueuse, eut offert aux yeux le plus magnifique spectacle, par son heureuse situation vis-a-vis de cette grande & riche gallerie du Louvre, qui lui eut été fort inférieure pour le bon goût de l'Architecture, mais qui auroit formé une correspondance & une union de grandeur & de magnificence que l'œil eut réuni sans peine, ces deux superbes édifices étant placés sur deux quais, position la plus avantageuse pour les édifices, par l'étendue des points de vue depuis le Pont-Neuf jusques au Pont Royal, & de dessus ces deux ponts. L'aspect de ces deux seuls objets, d'une Architecture différente, placés pour ainſi dire en regard, ſoutenus l'un par l'autre, & diſputant de beauté & de magnificence, eut frappé les citoyens & les étrangers d'étonnement & d'admiration, & euſſent rendu Paris la plus ſuperbe ville de l'univers.

Un autre plan parut alors, dont l'idée étoit excellente, & qui eut comblé de joye les citoyens & même les étrangers, en leur découvrant le plus beau morceau d'Architecture qui exiſte aujourd'hui dans le monde. Le S. Destouches à préſent Architecte de la Ville, plaçoit la figure de S. M. en face de la colonnade du Louvre, & cette place eut été certainement celle qui eut coûté le moins, puiſqu'étant quarrée, il n'y avoit que deux faces à conſtruire, celle du Louvre étant faite, & laiſſant la partie de la riviere entiérement ouverte. En face de la Seine & en retour de la colonnade, l'Architecte y plaçoit l'Hôtel de Ville, dont l'extérieur eut été simplement décoré en Pilastres du même ordre que ceux du dernier Pavillon du Louvre auquel la nouvelle façade eut été liée avec art. Tout le rez de chaussée de cet Hôtel eut été embelli par un magnifique escalier à deux rampes paralleles & plusieurs palliers. Celui du milieu de l'édifice en saillie & au premier étage, eut été soutenu par de grandes arcades élevées jusqu'à sa hauteur, & au travers desquelles les passans auroient vû la Statue du Roi de la rue S. Honoré. On eut abbatu ces indignes masures qui deshonorent si parfaitement ce respectable Palais, & sans toucher à l'Eglise S. Germain, dont la réédification eut été différée à des tems plus heureux, on eut fermé cette place par une grille décorée & appuyée d'espace en espace sur des massifs en forme de larges piédeſtaux qui euſſent porté de magnifiques groupes, & dont l'intérieur aux côtés des deux entrées, eut été aſſez ſpacieux pour y loger des ſentinelles. Le plan de cet Hôtel de Ville eſt un chef-d'œuvre de diſtribution. La chambre du Roi & de la Reine y ſont placées dans les deux grandes pieces du milieu de la façade, & ſéparées par un magnifique & vaſte ſallon, d'où leurs Majeſtés auroient vû dans une diſtance convenable, les fêtes & les feux d'artifices tirés ſur la riviere, & les illuminations du Pont Neuf. C'eſt dans ce magnifique ſallon qu'on eut placé la table du Roi, quand il auroit honoré la Ville de ſa préſence. Une gallerie eut régné tout au tour, portée par des termes en conſoles, & capable d'y contenir un double rang de ſpectateurs placés avantageuſement pour voir les convives & le service. Les chœurs de musique y ont aussi leurs places marquées. Les appartemens pour M. le Dauphin & Mde. la Dauphine, les Princes & Princesses, pour les grands Officiers du Roi & de la Reine, pour le Gouverneur de Paris, les Ambassadeurs, le Prevôt des Marchands, les Echevins & Officiers de la Ville, tout y est dans sa place, & dans un ordre admirable. Les cuisines, les escaliers de dégagement pour faire le service sans confusion, rien n'est oublié, & l'on ne sauroit tracer un plan de distribution dans un bâtiment de cette espece avec plus de commodités, de décence, & de recherches des plus petits besoins, dont les omissions sont sans reméde, & occasionnent des embarras inévitables malgré tout l'ordre & le nombre de gens préposés pour les empêcher.

Il a été fait beaucoup d'autres plans

pour cette place, qui ont de très-grandes beautés, & dont la description seroit ici déplacée. On s'est borné aux trois plans dont on vient de parler, pour les conserver à la posterité. Ils prouveront le génie & le goût de nos Architectes, aussi bien que leur zéle pour placer honorablement & avec dignité l'image de leur Souverain, & contribuer en même tems à l'embellissement de Paris. Par là nos neveux sauront que si leurs plans sensés & magnifiques ont été rejettés pour exiler la Statue de Louis XV. dans les champs, ce n'a point été de l'aveu de nos Architectes, & encore moins des citoyens qui auroient souhaité ardemment d'avoir leur Souverain dans le centre de la Capitale.

Ce que l'auteur dit ensuite sur la simplicité convenable à l'extérieur des Hôpitaux, des Séminaires & des Communautés féculieres & régulieres, eft de très-bon fens, & conforme à la maxime dont on ne devroit jamais s'écarter, *Que la décoration & la forme extérieure des édifices doit annoncer leur ufage & leur deftination.* Et en effet, eft-ce dans la vue d'exciter la commifération & les aumônes des fidéles pour des pauvres, que l'on décore leurs logemens de ces façades fuperbes ? Ne donneront-elles pas lieu au contraire de juger ou que leurs revenus font au-deffus de leurs befoins, ou qu'ils font très-mal adminiftrés ? Eft-il encore bienféant que des Monaftéres & des Maifons de Religieux, qui renferment des perfonnes dont la plûpart ont fait des vœux particuliers de pauvreté, & de renoncement au monde, & dont la vie eft confacrée à la pénitence, expofent en public le fafte & la plus grande magnificence des ornemens de l'Architecture ? Mais les abus à cet égard & à celui des Hôpitaux portés à l'excès dans l'Espagne & dans toute l'Italie, ont occasionné & autorisé le grand nombre de ceux que l'on voit en France.

L'auteur a tort de blâmer l'édifice de l'Hôpital des Enfans trouvés, & de le faire ressembler à un Palais, à moins qu'il ne trouve cette ressemblance dans le Pavillon du côté de l'Eglise Notre-Dame ; mais le dessein de l'architecte étoit qu'en en bâtissant un semblable du côté de l'Hôtel-Dieu, il fit une décoration convenable à la place du Parvis. La simplicité noble & sage de ce bâtiment est un éloge que l'on doit au S. de Boffrand son auteur. Je lui passe de critiquer les dépenses inutiles pour l'embellissement de la Chapelle, si l'on doit appeller embellissement des ruines aussi désagréables que déplacées, & le spectacle hideux & effrayant d'énormes étaies d'une voûte prête à s'écrouler sur les spectateurs. Envain le peintre s'autorisera-t-il du lieu de la Naissance de J. C. Il ne doit point ajouter au texte sacré qui la place dans une étable, & non dans un Palais. Et de plus en lui passant cette fausse idée, est-il rien de moins sensé que d'avoir élevé au lieu même où la Vierge accouche, des colonnes de lapis très-entieres, qui portent une Architecture d'une belle sculpture dans un bâtiment assez ignoble en cette partie, & où tout ce qui reste debout, menace d'une chûte prochaine ? Je conviens que ces ruines occasionnent des accidens favorables au Peintre par la vérité & la variété des imitations, & sauvent son ouvrage de la monotonie inséparable d'une architecture réguliere & uniforme, mais il n'est jamais permis de violer les bienséances du local pour l'avantage de son art. En un mot toute cette dépense eut été beaucoup moindre & employée plus sagement à la propreté simple & unie d'une Chapelle ordinaire, de l'aveu de la raison & de l'humanité.

L'auteur nous donne ensuite un chapitre de la maniere de bâtir les Eglises. Il nous propose une nouvelle ordonnance pour les construire & les décorer, qui rendroit l'intérieur plus spacieux & plus agréable à la vue, parce que l'ensemble paroîtroit beaucoup plus léger ; mais comme elle produiroit en même tems des défauts considérables de vraye beauté, & ce qui est encore plus important, des défauts réels de solidité, nous allons examiner si ses idées seroient praticables.

Avant de les développer, il y dit un mot des Eglises gothiques ; il convient
du

du mauvais goût de leurs ornemens, mais il avoue en même tems & avec raison, qu'elles inspirent une idée de grandeur & de majesté que n'ont point nos Eglises modernes. Telles sont les Eglises de N. Dame d'Amiens & de Paris, celles des Abbayes de St. Ouen, de Royaumont, de Cluni, & beaucoup d'autres. A quoi peut-on attribuer l'effet général de ce sentiment si convenable à la destination de ces sortes d'Edifices, si ce n'est à leurs belles proportions, à la distribution agréable de la lumiere, & à l'élevation & la forme des voûtes de la nef & des bas-côtés, enfin à l'heureuse harmonie de toutes leurs parties, & sans laquelle il n'est point de vraye beauté dans aucun édifice. Voyons à présent quelle est la construction & l'ordonnance de celle que l'auteur propose pour les remplacer & pour corriger les défauts des Eglises d'aujourd'hui. H

Voici, dit l'auteur, comment je voudrois que mon idée fût exécutée. » Choi-
» sissons la forme la plus ordinaire, qui
» est celle d'une croix latine. Je mets
» dans le tour de la nef de la croi-
» sée & du chœur, un premier ordre
» d'Architecture, dont les colonnes par-
» faitement isolées, portent sur un so-
» cle peu élevé, & sont accouplées com-
» me au portique du Louvre, pour
» donner plus de largeur aux entre-
» colonnes. Sur ces colonnes, je mets
» l'Architrave en platte-bande, & je
» termine cet Architrave par une dou-
» cine de médiocre saillie; sur quoi j'é-
» leve un second ordre d'Architecture
» à colonnes isolées & accouplées com-
» me le premier. Ce second ordre a son
» entablement entier en platte-bande,
» & au-dessus de cet entablement sans
» aucune sorte d'attique, j'élève une

» voûte à plein ceintre toute unie &
» sans arcs doubleaux. Ensuite je
» fais régner autour de la nef de la croi-
» sée & du chœur, des bas-côtés en co-
» lonnes, formant un péristile exact,
» couvert par les plat-fonds des architra-
» ves du premier ordre. Je mets au de-
» là de ce péristile les chapelles qui ont
» pour ouverture la largeur des entre-
» colonnes. Ces chapelles forment tou-
» tes un quarré parfait, où quatre co-
» lonnes dans les angles supportent un
» architrave avec son plat-fond. Chaque
» chapelle a deux côtés ouverts & deux
» fermés. Les deux ouverts sont celui
» de l'entrée où il n'y a qu'une simple
» grille de clôture, & celui vis-à-vis de
» l'entrée, qui est tout en vîtres : les deux
» autres côtés qui font la séparation d'u-
» ne chapelle à l'autre, sont remplis l'un
» par l'autel de la chapelle, l'autre par

H ij

» un grand morceau correspondant de
» peinture & de sculpture. Enfin j'ap-
» puye la grande voûte par des contre-
» forts en arcs-boutans, qui ont pour
» base les murs de séparation d'une cha-
» pelle à l'autre, & qui vont butter
» au-dessus des chapiteaux du second
» ordre.

Pour examiner son idée avec précision, nous supposerons une Eglise de la grandeur de celle de St. Sulpice, dont la voûte est la plus élevée de toutes celles que l'on a construites depuis environ un siècle dans cette Ville, ayant 3 pieds 7 pouces de plus de hauteur que le double de sa largeur. Celle de l'Eglise de S. Pierre de Rome a 24 toises de hauteur sur 13 toises & 4 pieds de largeur, mais elle seroit beaucoup mieux si elle avoit de hauteur deux fois sa largeur. Dans notre modele, la nef a 88 pieds

9 pouces de hauteur fur 42 pieds 7 pouces de largeur. Les bas-côtés ont 45 pieds 3 pouces de hauteur fur 21 pieds 6 pouces de largeur. Enfin le diamètre des chapelles eft de 17 pieds 3 pouces. C'eft fur ces mefures que nous avons tracé le projet de l'auteur, à la réferve de la largeur des bas-côtés & des chapelles que nous avons diminuée, parce que les plattes-bandes auroient eu trop de portée. Examinons ce qui en réfulteroit d'ailleurs.

Je choifis, dit l'auteur, une croix latine ; je mets dans tout le pourtour de la nef, de la croifée, & du chœur, un premier ordre d'Architecture, dont les colonnes ifolées & couplées forment un périftile exact couvert par les plat-fonds des architraves (a).

(a) Voyez ci-à-côté le plan de l'Eglife propofé par l'auteur.

H iij

Je dis d'abord qu'en suivant cette idée, il ne se trouvera qu'une seule colonne à chacun des quatre angles de la croisée de l'Eglise, & qu'elles ne pourront jamais soutenir le poids des voûtes ; & quand même elles seroient couplées, l'angle de la voûte de la croisée & de la nef ne sera appuyé que sur une seule colonne. Or pour prouver si sa force seroit suffisante, nous allons établir le module de chacun des deux ordres qui doivent être placés l'un sur l'autre, afin de déterminer le diamètre de leurs colonnes.

Nous avons dit que la hauteur de la grande nef de S. Sulpice a 88 pieds 9 pouces. L'on veut que la voûte en plein ceintre naisse sans attique du dessus de l'entablement. Il restera donc 67 pieds 5 pouces, 6 lignes pour la hauteur des deux ordonnances proposées. Nous supposons que le diamètre inférieur de la seconde colonne sera égal au supérieur de la premiere, que celle-ci qui est dorique aura huit diamètres de hauteur, & que la seconde qui sera d'ordre ionique en aura neuf. D'où il résultera que le diamètre inférieur de la dorique aura 44 pouces, & son supérieur 36 pouces 8 lignes. Que l'inférieur de l'ionique aura de même 36 pouces 8 lignes, & son supérieur 30 pouces 6 lignes.

L'on ne pourra jamais se persuader que deux colonnes placées l'une sur l'autre, séparées seulement par un Architrave, qui contiendroient ensemble 61 pieds de hauteur, & dont le diamètre supérieur de la seconde n'auroit que 30 pouces 6 lignes, puissent soutenir le poids immense dont elles seroient chargées. L'on entend peut-être que la voûte aura plus de deux fois sa largeur de hauteur, (car on ne la fixe pas), & que par ce moyen les colonnes auroient plus de grosseur. Nous venons de dire que celle de notre modele a 3 pieds 7 pouces de plus que le double de sa largeur, & comme il faudroit nécessairement que le point de son centre fût élevé à 5 pieds au-dessus de l'entablement, pour les raisons que nous dirons ailleurs, il s'ensuivroit que cette voûte auroit de hauteur deux fois & plus d'un tiers de sa largeur, & sans que cela procurât une ligne de plus de diamètre aux colonnes, l'augmentation de la hauteur devant être prise au-dessus de l'entablement ; & quand même on la fixeroit à deux fois & demi, qui est le rapport de la largeur à la hauteur de celle de Notre-Dame de Paris que l'on cite pour exemple, l'augmentation de la grosseur des colonnes seroit peu con=

fidérable. D'ailleurs plus cette nef feroit élevée, moins l'édifice auroit de folidité, parce que les vuides deviendront plus grands, & que plus les corps s'approchent l'un de l'autre, plus ils acquierent de force ; & plus ils font éloignés, plus ils acquierent de foibleffe. Ce principe eft certain, & perfonne ne le fauroit nier.

Or comment réunira-t-on les quatre voûtes de la croifée ? Si elles font en voûte d'arête, les arêtiers poufferont au vuide ne pouvant avoir de butée. Si c'eft en cul de four, fur quoi les quatre pendentifs appuyeront-ils, ainfi que les arcs-buttans ? Il eft donc démontré impoffible, en fuivant le fyftême de l'auteur, de donner la folidité néceffaire à cette partie de l'Eglife.

Nous convenons que les contreforts en arcs-buttans élevés fur les murs qui sépareroient les chapelles, & qui traversant la largeur des bas-côtés, seroient soutenus par un arc elliptique, appuyeroient solidement les voûtes du chœur & de la nef, mais l'impossibilité d'en placer pour appuyer celles de la croisée, & sur-tout dans le point de leur réunion, laisse toujours la démonstration du défaut de solidité dans toute sa force.

Passons aux Plat-fonds des bas-côtés, & à ceux des Chapelles.

Suivant le discours de l'auteur, les plat-fonds des bas-côtés & des chapelles devroient former une superficie entiérement platte & unie ; cependant par une lettre qu'il vient de faire insérer dans le Journal de Trevoux Août p. 1864, il nous dit avoir entendu qu'ils seroient réglés conformément à ceux du portique du Louvre. Mais le changement qu'il fait à ses plat-fonds, pourra-t-il s'accorder avec l'ordonnance générale de son projet ? Voilà ce que l'auteur n'a pas examiné. En effet les plat-fonds de ce portique étant posés sur les Architraves, il faudroit qu'il y eut alors sur eux un socle de la hauteur des claveaux du platfond, & ce socle devant être à plomb de la face inférieure de l'architrave, les bases des colonnes du second ordre porteroient entiérement à faux. Si l'on entend que le socle sera prolongé jusqu'à un pouce au delà du plinthe des bases, l'on répondra qu'alors il excéderoit la moulure supérieure de l'architrave de 4 pouces & demi. L'on pourroit à la vérité ajouter à l'architrave des moulures pour parvenir à la face du socle, mais un tel encorbellement n'effaceroit pas le défectueux du porte-à-faux comme la saillie d'une corniche. On doit ici se rappeller ce que l'on a dit cy-devant à ce fujet. Il faut donc revenir aux plat-fonds unis, & voir s'il eſt poſſible de leur donner quelque ſolidité.

Il paroît que la façon la plus ſûre pour y parvenir ſeroit de tailler les claveaux ſur le plan d'une voûte d'arête figurée en plat-fond, avec des petites croſſettes d'un pouce & demi pour rendre les coupes à angles droits, & de prolonger la coupe des claveaux qui formeroient arêtier du côté des chapelles juſqu'à l'extrêmité des platte-bandes qui couvriroient leurs vîtraux. L'on feroit battre des ancres ſur toutes les colonnes & ſur les piédroits des vîtraux, en obſervant que les ancres fuſſent aſſez longs pour qu'ayant traverſé l'architrave, ils puſſent entrer dans le bas des ſecondes colonnes, & après avoir fait la même opération ſur celles-ci, l'on feroit paſſer ſur le tout des tirants de fer qui formant des chaffis pourroient procurer une apparence de folidité qu'aucun entrepreneur ne voudroit cependant garantir par les raifons que l'on dira bientôt.

A l'égard de la largeur des bas-côtés, nous la déterminerons en fuivant la nouvelle intention de l'auteur expliquée dans fa lettre du Journal, où il dit que le plat-fond porté par les architraves doit être quarré. Pour en déterminer les mefures, nous fuppoferons que l'entre-colonnne Dorique fera de huit modules, qui eft celui du portique fans piédeftal de Vignole, & notre module étant de vingt-deux pouces, la largeur des bas côtés entre les colonnes & la portée des platte-bandes auront quatorze pieds huit pouces, portée confidérable pour un architrave de vingt fix pouces. L'on entend peut-être que les platte bandes pourroient n'avoir pas tant de portée, mais alors les bas-côtés qui font déja trop étroits, paroîtroient plus ridicules, & les chapelles trop petites.

Que pourra-t'on oppofer au défaut de folidité des quatre angles de l'Eglife ? Quelle feroit la culée des huit platte-bandes qui la fortifieroit ? N'ayant que 36 pouces huit lignes, pourroit-elle s'oppofer aux efforts de la portée de deux platte-bandes chacune de quatorze pieds huit pouces qui poufferoient au vuide ? l'on propofe de décharger celles du fecond ordre par des arcs extrêmément furbaiffés, dont on rempliroit enfuite les vuides, mais la pouffée de ces arcs fe joindroit à celle des platte-bandes, & ces deux efforts réunis n'auroient pour oppofition dans les angles de la croifée de l'Eglife qu'un mur de trente pouces & demi d'épaiffeur ; la réfiftance feroit-elle égale à la puiffance ? Et d'ailleurs ce arcs en déchargeant les platte-bandes surchargeroient les colonnes.

Il n'est plus question d'incidenter, dit l'auteur, sur l'impossibilité prétendue de faire des architraves en plattebandes. J'ai déja dit qu'on n'avoit qu'à étudier le trait des travées de la chapelle de Versailles, ou de l'entablement du portique du Louvre ; ces deux exemples font évanouir entiérement la difficulté. M. de Cordemoi qui est le pere de toutes les pensées de l'auteur, a déja fait ce raisonnement pour l'opposer à la savante critique que M. Frézier fit de son livre, insérée dans le Journal de Trévoux Septembre 1709. L'excellent traité qu'il nous a donné sur le trait de la coupe des pierres, a fait voir que sa critique étoit fondée sur les vrais principes de cette science.

Aux deux édifices que l'on propose

pour modeles, il n'y a qu'un rang de colonnes ; les murs qui leur font opposés ont une parfaite solidité. Ils renferment des ancres qui retiennent des tirants, & qui s'opposent efficacement à l'écart des platte-bandes, & les extrêmités des portiques sont appuyées par de très-fortes masses. De plus les platte-bandes des entre-colonnes, & ceux de la largeur du portique du Louvre, n'ont chacune que douze pieds de portée, & les claveaux qui comprennent l'architrave & la frise, ont cinq pieds trois pouces. Mais à l'Eglise que l'on propose, il y a deux rangs de colonnes l'une sur l'autre, séparées seulement d'un architrave de ving-six pouces d'épaisseur. Les plat-fonds des bas-côtés réunis à ceux des chapelles, auroient ensemble trente-huit pieds de largeur, & il n'y auroit de corps solides que les murs qui séparereroient

reroient les chapelles, tout le reste de l'édifice seroit à jour; tout sera donc sans appui & sans autre liaison que celle des chassis de fer, & y a-t-il de la vraisemblance qu'ils puissent consolider un édifice de cette étendue ? Les voûtes en platte-bandes ne pousseront-elles pas de toutes parts, n'ayant aucune buttée ni en dedans ni en dehors? Qui oseroit donc garantir la solidité d'une telle construction, & que l'immense fardeau des parties supérieures n'écraseroit pas les inférieures, & tous ceux qui auroient le malheur de s'y trouver même avant la perfection de la couverture ?

Mais l'auteur ne pourroit-il point sauver la solidité de son ordonnance, en alléguant l'adhérence des corps de Mussembrock, qui dit dans son traité à ce sujet, que par les expériences qu'il a faites, il a remarqué qu'une colonne

I

de marbre blanc de quarante pieds de hauteur, dont le diamètre inférieur seroit de 4 pieds, peut soutenir le poids de 105, 011, 085 livres? Il faut d'abord observer que la colonne à qui il fait porter ce fardeau immense, est de marbre, c'est-à-dire, d'une matiere qui ne sauroit entrer en comparaison avec la pierre par l'étroite cohésion de ses parties, & par conséquent pour sa force & sa résistance; que le marbre très-dur est d'un trop grand prix en France pour le pouvoir employer en une quantité aussi étendue que celle qu'exige son projet. Que d'ailleurs les deux colonnes placées l'une sur l'autre n'étant séparées que par un simple architrave, elles doivent être considérées comme une seule dont le diamètre inférieur n'auroit que quarante-quatre pouces sur soixante & un pieds de hauteur. Cette colonne auroit donc plus de dix-sept diamètres & demi de hauteur, tandis que celle de Muffembrock n'en a que dix, & l'on fait que plus une colonne a de diamètres de hauteur, moins elle a de force. Que l'auteur se donne donc la peine de calculer les différences de résistance de ses deux colonnes de pierres placées l'une sur l'autre, comparées à la colonne de M. Muffembrock, & relativement à leurs différentes hauteurs & groffeurs, & à la solidité du marbre comparée avec celle de la pierre que l'on employe à Paris, il trouvera que le poids du cube dont feroient chargées les deux colonnes, furpafferoit infiniment leur force.

Autre observation bien importante, & qui feroit un grand obstacle à son projet. L'expérience nous démontre qu'aucun terrein n'eft d'une égale folidité ; par conséquent quelques parties de l'Eglise proposée tasseroient nécessairement. Or dans une construction de cette élevation sans aucuns massifs ni corps solides, & presque entiérement à jour, le moindre affaissement qui mettroit quelques colonnes hors de leur à plomb, feroit culbuter tout l'édifice. Celui de S. Sulpice qui est de la plus grande solidité, comparé à tous nos édifices modernes, s'étant fracturé en beaucoup d'endroits peu de tems après son élevation, la vingtiéme partie du mouvement que son tassement a occasionné, suffiroit pour la destruction totale de l'édifice proposé.

L'auteur allégue encore l'Eglise de N. Dame de Paris, où tout est porté sur de simples colonnes. L'on a déja répondu que leur diamètre est considérable, qu'elles ont peu de hauteur, &

que fi elles avoient la proportion dès colonnes que l'on propofe réglées fur les mefures de l'antique, elles ne pourroient foutenir à beaucoup près le poids que portent ces gothiques pilliers ronds & courts, d'une forme groffiere & défagréable, mais d'une force infinie. L'on vient d'en dire la raifon, & d'ailleurs la maçonnerie de ce temple étant parfaitement liée dans toutes fes parties, elles fe foutiennent réciproquement, & rien n'eft lié dans la conftruction de l'Eglife propofée. L'on ne fauroit donc tirer aucune induction favorable à l'auteur, de la conftruction de l'Eglife N. Dame, qu'il cite comme un exemple victorieux, pour affermir les deux colonnes l'une fur l'autre, & leur donner une force fuffifante pour porter une voûte en plein ceintre bien différente pour le poids d'une voûte d'Ogive ; développons cette différence.

Une voûte d'Ogive est tracée par deux points pris aux extrêmités de son diamètre, & l'on trace deux portions de cercle de ses centres, qui s'éloignent peu du triangle équilatéral. Cette même opération repétée aux murs de la nef & du chœur, donne des pignons de même forme, d'où naissent d'autres voûtes qui se réunissent à la clef de la principale. Sur les arcs doubleaux qui en forment les nerfs, il y a une legére maçonnerie de 5 à 6 pouces d'épaisseur, & on laisse les reins creux, ainsi ces voûtes n'ont qu'un poids très-médiocre. Ce qui est le contraire d'une voûte en plein ceintre, dont le centre étant pris dans le milieu de son diamètre, laisse un très-grand vuide entre la voûte & l'aplomb du mur, & il faudroit suivant l'usage, former dans le vuide des reins des doubles arcs d'une colonne à l'autre, qui seroient élevées à la hauteur du tiers de la voûte, ce qui surchargeroit encore les colonnes ; d'ailleurs les claveaux de cette voûte doivent avoir beaucoup plus d'épaisseur, sur-tout lorsque l'on en supprime les arcs doubleaux & les lunettes, suivant les loix de l'auteur.

Mais ce n'est pas assez d'avoir démontré l'impossibilité de l'exécution de ce projet par le défaut de solidité, il faut encore faire voir ses défauts de beautés en supposant qu'il pût être mis en œuvre.

Il prétend que la voûte naisse de dessus l'entablement & sans aucun attique, mais l'œil étant placé au milieu de la nef, la saillie de la corniche lui en déroberoit plus de 5 pieds, & ce qu'il en appercevroit lui paroîtroit d'une figure informe & choquante. On a peut-être crû que la voûte de S. Pierre de Rome, qui n'a point d'attique, prend sa naissance dès l'entablement ; si l'auteur le pense, qu'il se désabuse, étant très-certain que son centre est élevé au-dessus de la corniche de 7 pieds.

Tous les entre-colonnes, dit l'auteur pag. 209. *sont en vîtres en haut & en bas. Ce ne sont plus de simples lucarnes percées dans la voûte, comme dans les Eglises ordinaires, mais de vraies & grandes fenêtres.* En supprimant les lunettes des voûtes, ainsi que les croisées qu'elles renferment, examinons si les vîtraux proposés pourront éclairer le haut de son Eglise.

Si ces vîtraux étoient au deuxième étage posés au-dessus de l'entrée des chapelles, une ligne tirée de leurs parties les plus inférieures & qui passeroit sous la platte-bande du second ordre, aboutiroit à la clef de la voûte, elle ne seroit donc éclairée que par le reflet de la lumière qui viendroit du bas des vîtraux & par conséquent très-obscure, puisque chaque moitié de la voûte seroit opposée à l'ouverture entiere de ces vîtraux.

L'auteur propose d'élever un second étage a l'imitation de saint Pierre de Rome pour dérober à la vûe les contreforts en arcs-buttans, & il ajoute, *afin que les jours de la nef ne soient point trop offusqués, perçons autant de fenêtres dans l'étage d'en haut que dans celui d'en bas.* Ces croisées seront donc sur celles des chapelles, & plus éloignées de la nef & de sa voûte : comment l'auteur n'a-t-il pas senti qu'alors cette voûte recevroit encore moins de lumiere, dès qu'il ne veut point qu'on y ouvre des croisées ? Mais à l'Eglise de faint Pierre de Rome qu'il veut prendre pour modele, la voûte seroit-elle éclairée fans le fecours des croifées que l'on y a placées ? La forme de ce temple fut d'abord en croix grèque, où les ronds points des voûtes recevoient la lumiere par des croifées, outre les grands jours donnés par le Dôme, & lorfqu'on voulut lui donner la forme d'une croix latine, on perça des croifées dans la voûte de l'augmentation. Dans la chapelle de Verfailles, quoique les vîtraux foient très peu éloignés de la nef, le haut de la voûte eut été trés obfcur fi l'on n'y eut formé des lunettes pour y placer des croifées.

Voila donc deux défauts confidérables démontrés, qui ne fauroient faire beauté dans fon projet, l'un par la forme défagréable de la voûte, & l'autre par fon entier obfcurciffement. Voyons fi dans le refte de la conftruction l'œil feroit plus fatisfait.

Un fimple architrave placé entre les deux colonnes, choqueroit néceffairement la vue par fon défaut de proportion. Si celui de S. Sulpice tournoit feul tout au tour de l'Eglife, il paroîtroit d'une foibleffe ridicule, & déplairoit encore davantage s'il étoit placé entre deux vuides ainfi que celui de l'auteur. Nous avons déja prouvé par l'expérience, que plus un objet d'un volume médiocre a d'étendue, ou fe trouve ifolé d'un autre corps, & environné d'un grand air, plus il paroît petit, & beaucoup plus qu'il ne l'eft en effet. L'architrave de S. Sulpice a 36 pouces de hauteur, & celui de l'auteur n'en auroit que 26, comprise la doucine que l'on permet d'ajouter au-dessus ; or une différence de 10 pouces de hauteur dans un petit objet, fait à l'œil un effet très-considérable ; l'architrave qui sépare les deux ordres, échapperoit presque à la vue, les deux colonnes paroîtroient s'unir & ne former qu'une seule dont la prodigieuse hauteur seroit choquante & insupportable.

L'auteur pourroit s'appuyer à ce sujet de l'exemple de la Salle Egyptienne rapportée dans le commentaire sur Vitruve par Perrault pl. 54. p. 216. où les deux étages de colonnes corinthiennes élevées l'une sur l'autre, ne sont séparés que par un simple architrave, mais la grandeur de cette Salle qui n'a que 6 colonnes de face, n'est pas comparable à l'étendue immense de son Eglise, & d'ailleurs elle ne porte point de voûte, mais un simple plancher de charpente très-légere, & qui met ces deux édifices hors de comparaison.

Nous avons observé ci-devant le mauvais effet qui résulteroit de l'union de cet architrave avec les chapiteaux du premier ordre & les bases du second, par le porte-à-faux de ces bases sur l'architrave d'environ 4 pouces.

Passons des défauts de la nef à ceux des bas-côtés. L'on a déja fait voir qu'en suivant l'ordre prescrit pour la construction de l'Eglise proposée, l'on ne sauroit former des plat-fonds dans les bas-côtés, tels que ceux du portique du Louvre, c'est-à-dire, avec des renfoncemens, il faut donc qu'ils soient unis. Mais alors leurs claveaux n'auront que

26 pouces d'épaisseur, & en supposant que leur force pourroit soutenir le poids des plat-fonds, ce qui ne sauroit être, l'on n'y pourroit rien tailler sans les affoiblir ; & par conséquent sans un danger éminent, & alors quelle beauté pourroient avoir ces plat-fonds ?

Mais voici encore un défaut en eux qui en excluroit non-seulement la beauté, mais les rendroit totalement insupportables à la vue. Ils n'auroient de largeur que 14 pieds 8 pouces, qui est environ celle du tiers de la largeur de la grande nef, quelle idée ce petit espace pourroit-il offrir à l'œil, que celle d'un corridor mesquin & étranglé ; comparé à la largeur si considérable & à la longueur de son Eglise, qui seroit terminée quarrément suivant son plan ? Et ce seroit encore pis si l'on suivoit le modèle qu'il propose du périftile du Louvre, qui n'a que 12 pieds de largeur. Il eft vrai que celle de la nef de S. Pierre de Rome eft de 82 pieds, & les bas-côtés n'en ont que 33. Mais cette différence eft de 5 pieds 8 pouces de plus que fon tiers, & ceux-ci n'auroient que 6 pouces en fus. D'ailleurs pour prévenir un défaut qui eut été choquant, l'architecte a formé quatre parties en face des quatre arcades. Trois de ces parties fe communiquent par un paffage de 18 pieds de large, & la communication de la troifiéme à la quatriéme qui fe termine à un des maffifs du dôme du côté de l'entrée, n'a que 14 pieds. Ainfi ces quatre objets féparés de cette façon ne fauroient avoir aucune reffemblance à un corridor.

Les bas-côtés que l'on propofe doivent continuer fur toute la longeur de l'Eglife, & leur hauteur n'étant que de trente & un pieds, ils paroîtroient fi bas à leur extrêmité, que tous les yeux en feroient offenfés. Peut-être, dira-t'on, pour fauver un fi grand défaut, qu'il feroit aifé de leur donner plus d'élevation en fixant la hauteur de la feconde colonne aux trois quarts de la premiere, ainfi que le prefcrit Vitruve; mais il entendoit qu'elle feroit adoffée aux piles des arcades, & fi l'on fuivoit fa maxime dans le cas que l'on fe propofe, cette feconde colonne feroit fi foible, qu'à peine feroit-elle chargée du poids qu'elle doit porter, qu'on la verroit s'écrafer à l'inftant. Tous ceux qui ont un peu de pratique dans l'art de la conftruction, feront bientôt convaincus de cette vérité.

Avant de fortir de l'Eglife, l'auteur n'oublie

n'oublie pas la poſition du maître-autel, objet eſſentiel dans nos Temples. Toutes ſes réflexions à ce ſujet, ſont ſenſées & très-judicieuſes, & on ne ſauroit trop les louer. Il blâme avec raiſon le ſentiment de ceux qui veulent le placer dans le centre de la croiſée immédiatement ſous le dôme. En effet il ſeroit très-difficile d'imaginer une forme d'autel qui pût remplir d'une façon convenable un vuide auſſi ſpacieux. Si on lui donne celle d'un tombeau, il paroîtra un colifichet de quelque grandeur qu'il ſoit. Celui de S. Sulpice en eſt un exemple bien frappant, quoiqu'il ne ſoit pas placé dans le centre de la croiſée de l'Egliſe, & que l'on n'y ait point élevé le dôme qui devroit être dans cette partie, & qui auroit encore conſidérablement diminué l'autel à l'œil du ſpectateur. Quelque effort de génie qu'ait

K

fait le Cavalier Bernin pour fauver ce défaut en augmentant le volume de celui de S. Pierre de Rome, pofé dans le centre de la croifée & fous celui du dôme par un fuperbe baldaquin, il n'a pu le rendre affez confidérable pour remplir ce vuide immenfe ; il paroîtra toujours un morceau d'architecture grand, ingénieux & magnifiquement décoré, mais déplacé & fans liaifon avec l'ordonnance des parties qui l'environnent, & fur-tout de celles du rond-point dont il empêche l'œil de voir les beautés.

Il n'y a donc rien de mieux penfé que le lieu où le place l'auteur. Il veut qu'au milieu du Sanctuaire on éleve de plufieurs marches une aire fpacieufe, ifolée de toutes parts, qui permette la liberté de la circulation à l'entour, & qu'au centre de cette aire, on y mette le maître-autel en tombeau, & cette pofition est la plus avantageuse & la plus convenable de toutes celles qu'on peut choisir.

J'approuve également la simplicité de sa décoration & sa critique des Retables & de leurs ridicules ornemens, assemblage confus & sans goût de toutes les parties de l'architecture en petit qui forment des groupes de colifichets si chers aux mauvais Architectes ennemis de la simplicité, & aux communautés Religieuses, tel est celui de l'Eglise des Jésuites de la rue S. Antoine, & une infinité d'autres.

Mais je ne serai point de son avis au sujet de *l'élancement* de sa coquille en bois pour porter le buffet des orgues. Il me paroît impossible d'en construire une en bois qui ait assez d'étendue pour contenir le positif ou la montre, & le corps du grand buffet où sont placés tous les tuyaux, les soufflets, & l'espace nécessaire pour tourner au tour. On pourroit exécuter cette idée plus noblement & plus réellement en faisant une trompe en coupe au lieu d'une coquille en bois pauvre & misérable. Mais outre la dépense qui ne seroit pas médiocre, je doute qu'avec tout l'art du trait, on pût lui donner assez de saillie pour porter l'espace nécessaire à l'emplacement d'un orgue complet, & de tout ce qui doit l'accompagner. Il seroit donc plus solide, plus convenable & plus à l'unisson de l'ordonnance générale de l'Eglise, de continuer en retour le péristile des bas-côtés, en supprimant le second ordre. Alors, outre son accord parfait avec l'architecture des côtés, on lui donneroit toute l'étendue nécessaire pour l'emplacement de l'orgue , & les 48 pieds de hauteur qui resteroient jusqu'à la voûte , seroient plus que suffisans pour que l'harmonie & les grands sons de cet instrument le plus sonore & le plus étendu de tous , ne fussent pas étouffés par le défaut d'air & d'espace comme dans plusieurs de nos Eglises , où il n'y a nulle proportion entre le volume des tuyaux & celui du vaisseau où ils sont placés.

Voyons à présent ce que dit l'auteur des Portails des Eglises. Il commence par exiger avec raison , que l'entrée de la maison de Dieu ait une décoration propre à inspirer une sainte terreur & le respect dû à la majesté de la Divinité qui l'habite. Il blâme justement la profusion ridicule & sans aucun choix, dont on a chargé ceux de nos Temples gothiques. Mais il a oublié de critiquer le défaut de jugement appliqué à ces mêmes Temples des Portails d'architecture reguliere, & dans les proportions de l'antique. Est-il rien de plus contraire au bon sens, que de rendre l'extérieur d'un édifice d'un goût entiérement opposé à l'intérieur ? C'est cependant ce que l'on a pratiqué au Portail Saint Gervais & en plusieurs autres. Je conviendrai que ce contraste est moins révoltant aux façades des Eglises, que dans leur intérieur, tel qu'au chœur de N. Dame; l'œil embrasse en même tems les deux formes de bâtimens si opposées, au lieu que dans la façade il n'en est blessé que successivement.

L'auteur donne ensuite son idée pour la décoration d'un Portail. Il construit dans le bas un portique de la même hauteur que les bas-côtés intérieurs, & qui occupe toute la largeur de la nef

& des bas-côtés. Il veut que ce portique soit découvert en terrasse, & que dans le fond s'éleve le second ordre pareil à celui de l'intérieur, avec entablement & baluftrade. Si le toît de l'Eglife excède encore le second ordre, il en éleve un troifiéme de la largeur feulement de la nef, & terminé par un fronton. Il exige encore que le tout foit flanqué de deux tours en avant-corps.

L'idée de cette conftruction paroît d'abord affez finguliere & même agréable, mais en l'examinant dans le détail, on y trouve bien des défauts.

Celui du fimple architrave qui termineroit le premier ordre, n'eft pas fupportable; & fa maigreur feroit encore plus fenfible en cet endroit que dans l'intérieur de l'Eglife.

A l'égard de la terraffe élevée fur le portique, fa faillie couvriroit une partie des colonnes du second ordre; & d'ailleurs quelle seroit sa solidité lorsque ses claveaux n'auroient que 26 pouces d'épaisseur?

Pour le fronton dont l'auteur blâme ailleurs si fort l'usage, il ne seroit point ici placé réguliérement, n'étant porté sur aucun avant-corps, & l'on ne sauroit y en placer dans sa composition.

Les deux tours qui flanqueroient le haut de ce Portail, n'auroient point une largeur convenable, si l'on ne pouvoit leur en donner une plus grande que celle des chapelles, ainsi que cela arrive souvent. Elles offriroient donc alors deux objets qui blesseroient la vue. A l'égard de la forme des tours; les éloges excessifs qu'il donne à celles des Eglises gothiques si singulieres, & dont les proportions sont la plûpart ridicules, inviteroient nos architectes à les imiter, s'ils pouvoient égaler l'habileté des ouvriers de ces tems-là dans la science & la hardieſſe de leur conſtruction. Mais à quelles extravagances ne conduiroit pas une telle licence? Qu'il blâme tant qu'il voudra celles de l'Egliſe de S. Sulpice, je les abandonne à ſa critique & à celle de tous les gens ſenſés. Mais le génie amateur des régles, & le goût de la bonne Architecture ne ſaura-t'il rien produire de leger & de neuf en ce genre ſans imiter le goût barbare de ces gothiques piramides, & ſe livrer comme il le permet, à tous les caprices d'une imagination déréglée pour enfanter du bizarre & du prodigieux? En moins de dix années nos édifices tomberoient dans les horreurs & la barbarie de ces ſiécles d'ignorance dont il nous a fallu tant de tems pour nous arracher & pour ouvrir les yeux sur leurs monstrueuses productions.

Voilà les défauts les plus essentiels de son Portail, & difficiles à corriger à moins de refondre toute l'ordonnance de l'intérieur de son Eglise, dont on croit avoir démontré l'impossibilité de l'exécution.

La liberté qu'il laisse aux Architectes, en finissant l'article des Eglises, de leur donner toutes les formes imaginables depuis le triangle jusqu'au cercle pour en varier les plans, ne seroit-elle pas une source intarissable de folies & des plus ridicules constructions, si ses conseils avoient quelque empire sur le bon sens de nos sages artistes? L'agréable aspect que celui d'une Eglise élevée sur le plan d'un triangle équilatéral, scaléne, ou curviligne!

La variété de leurs compositions,

dit l'auteur, *seroit d'un grand agrément dans Paris, & le particulier de leurs formes, digne d'attirer l'attention des curieux, & d'occuper l'esprit des connoisseurs.* N'eut-il pas été plus vrai de dire qu'elles exciteroient les risées des curieux, le mépris de leurs auteurs, & les gémissemens des connoisseurs sur les délires de la nation ?

L'auteur s'étend ensuite sur les défauts de beautés de cette Capitale, & propose plusieurs moyens d'y remédier. Quoique toutes ses réflexions à ce sujet soient une répétition de ce que Voltaire & avant lui une infinité de bons citoyens en ont écrit, on doit le louer de s'élever de nouveau contre la coupable indifférence à ce sujet des personnes en place & chargées d'y veiller. Combien de cris se sont fait entendre, & sur-tout depuis une dixaine d'années contre tous ces abus ? Que n'a-t'on pas dit contre l'indécence & le danger des misérables ponts de bois de Seve & de Neuilli ? Ne s'étoit-on pas déja récrié fur la porte Saint Honoré, abattue fans aucun remplacement ? Tous les citoyens n'ont-ils pas gémi d'y voir élever d'indignes bâtimens au lieu d'un bel arc de triomphe, feul monument convenable à la place & à la mémoire des victoires de Louis XV. ? Combien de plaintes fur le défaut d'allignement des rues, & de leur élargiffement qui expofe tous les jours les gens de pied au danger d'être écrafés, & fur les moyens odieux que l'on employe pour échapper aux ordonnances qui obligent à reculer les maifons que l'on réédifie ? Avec quelles inftances n'a-t'on pas demandé d'ouvrir des débouchés fi importans aux emplacemens des falles de fpectacles où l'affluence des carrosses arrête la sortie des spectateurs, met leur vie en danger, & interrompt pendant quatre & cinq heures la circulation de toutes les voitures ? Ne s'est-on pas récrié sur la liberté, si funeste à la décoration de Paris, que l'on laisse à tous les particuliers, d'élever les façades de leurs maisons au gré de leur caprice, dans les rues les plus passantes, & d'en rendre l'aspect le plus irrégulier & le plus difforme ? N'a-t'on pas employé les motifs les plus puissans pour détruire nos salles de spectacles si ignobles & si honteuses à la Nation, en représentant les profits immenses qui en reviendroient au Roi & à la Ville par le concours des étrangers, en leur donnant la décence & la magnificence convenable à la Capitale de ce grand Royaume ? Mais les obstacles devenus tous les jours plus grands par les circonstances malheureuses des tems, rendent le redoublement de nos cris inutile, & nous assurent la continuation ferme & invariable de tous ces abus, & même de leur accroissement.

Aux réflexions sur l'embellissement des Villes, l'auteur en ajoute sur nos Jardins. *C'est le seul art*, dit-il, *qui n'ait point dégénéré en France.* Il ne balance pas même d'avancer que nous avons enchéri à cet égard sur le fameux le Nautre. Mais où sont donc nos Jardins modernes qui ont pû lui donner une idée si opposée à la vérité ? Peuvent-ils entrer en comparaison avec le chef-d'œuvre de celui des Thuilleries ? Je laisse à part son étendue, y ayant si peu d'occasion d'avoir un terrein aussi vaste à planter. Je parle seulement de la savante distribution de toutes ses parties ;

de leur merveilleuse simplicité, de l'harmonie & de l'effet sublime de l'ensemble. Pourra-t'on mettre nos plus belles plantations en parallele avec celles de Meudon, de S. Cloud, (j'en excepte les nouvelles) de Marli, de Trianon, de Seaux, de Chantilli, miracle de son art, & une infinité d'autres qui feront l'éternelle admiration des étrangers de toutes les nations, & des connoisseurs en ce genre, qui auront encore le goût du grand & du vrai-beau ? Si l'auteur en avoit senti les sublimes beautés, il se seroit bien gardé de donner la préférence à nos colifichets de Jardins où il n'y a pas une seule grande partie, ni un morceau où l'on puisse s'arrêter & rester enchanté de surprise, comme dans ces Jardins que je viens de nommer. Notre goût est entiérement opposé à celui de cet homme divin. Il faifoit confifter le merveilleux de fon art, principalement à donner une vafte étendue aux plus petits efpaces, & à faire paroître grands les terreins les plus refferrés. Aujourd'hui notre talent eft de tout réduire au petit & au mefquin. Nulle grande piece, nulle idée vafte. Je ferai de l'avis de l'auteur, fi la beauté des Jardins eft bornée à l'agrément des parterres, dont l'on a avec raifon banni les broderies & les maffifs de buis, pour y fubftituer des corbeilles qui en renfermeroient agréablement les divifions, fi la bizarrerie de leurs formes portée aujourd'hui à l'excès, ne les faifoit paroître fouverainement ridicules. J'approuve encore extrêmement les cabinets & les décorations de treillage, dont j'admirerai l'invention, la perfection du travail & les heureux effets, s'ils font

très-

très-soigneufement entretenus, & leur verd toujours vif, & fur-tout point trop multipliés, défaut où l'on eft tombé au point d'enfermer ridiculement les tiges des arbres dans des quarrés de treillage, pour ne voir la nature nulle part. Je ferai encore de fon fentiment fur l'avantage de nos Jardins, fi leur beauté confifte à élaguer tous nos arbres, & ne leur laiffer qu'une tête mignonne incapable de donner de l'ombre, & femblable à la coëffure à la mode de nos françois, à les dreffer en évantail, ou les tailler en arcades; j'avouerai alors que nous l'emportons à ces égards fur le fiécle dernier. Mais ces beautés de mode feront-elles jamais de vrayes beautés? Je vois prefque tous les étrangers & la plus faine partie de nos compatriotes, les blâmer & s'en moquer. Admirera-t'on le plan du Jardin du Palais Royal;

L

& ces deux bosquets ouverts en berceaux comme ceux de toutes les guinguettes, & dont les arbres coupés au tiers de leur hauteur, & trop bas d'une toise, malades & languissans, forment l'aspect le plus triste par leur séve arrêtée qui se porteroit à des branches hautes & étendues, & feroit respirer à leurs feuilles élevées, libres & agitées, un autre air que cet air étouffé & enflammé par la proximité & la reverbération d'un sable brûlant & sans cesse échauffé ? Que l'on passe dans la grande allée de ce même Jardin, qui ne sera frappé de la beauté & de la majesté de ces grands arbres parés de toutes leurs branches, & simplement égalées par le croissant pour en élever la voûte ?

Je n'ai pas encore parlé des Jardins de Versailles, dont l'auteur avoue malgré lui les prodiges & les beautés, mais dont il exagére trop les défauts, quoiqu'ils soient remarqués avec beaucoup de goût, & décrits avec toute la justesse, tout le feu, tout l'agrément dont le sujet pouvoit être susceptible. Ce n'est pas que je ne les juge une des plus merveilleuses productions du génie créateur de le Nautre. La savante composition du plan général, dans un lieu aussi ingrat, l'étonnante variété de ses bosquets, l'agrément de leurs formes majestueuses sans bizarrerie, comme celui de l'isle Royale, & de la salle des antiques, la richesse & le goût de leur décoration à laquelle rien n'est comparable dans l'univers pour les chefs-d'œuvres du cizeau & l'abondance du marbre, tels sont ceux de la Colonnade, des Bains d'Appollon, des deux Dômes, de la Fontaine du Dragon, & de plusieurs autres. Je livre à sa critique le

L ij

choix du lieu le plus infortuné & le plus difgracié de la nature. Je partage avec lui fa triftefſe, & l'ennui de fes hautes & infinies paliſſades vertes, mais je lui demande grace pour les Ifs, d'un fi grand fecours pour la décoration des Jardins vaftes & fpacieux, pourvû qu'ils foient très élevés & d'une forme fimple. Que pourroit-on mettre à leur place dans la double rampe au-defſous de la terraſſe du Château, qui fit un effet auſſi majeſtueux que leurs belles maſſes fi néceſſaires dans les grandes parties ?

L'auteur s'eſt encore trompé quand il a mis au nombre des défauts eſſentiels des Jardins de Verſailles, celui de vivacité & de fraîcheur dans la verdure de fes arbres, on voit bien qu'il ne l'a pas habité; c'eſt au contraire une de fes principales beautés, puiſque juſques à la fin de l'automne & au commencement de Novembre, les arbres des bosquets y conservent la verdure du Printems.

L'auteur désireroit pour l'embellissement & la perfection de nos Jardins, des arbres de différents verds qui seroient plus pittoresques & occasionneroient plus de variété. C'est une idee dont il est redevable à l'Angleterre, mais qu'il seroit impossible d'exécuter en France par le peu d'espéces différentes que nous avons d'arbres capables de nous donner de l'ombre, & d'une belle forme propre à meubler nos Jardins. Elles se réduisent à deux ou trois au plus, & dont la diversité des verds ne seroit point assez sensible pour produire l'effet qu'il demande.

A l'égard des Eaux de Versailles, qui sont l'ame de ses Jardins, & dont la variété en perfectionne l'enchantement, je conviens de la trop grande rareté de leurs apparitions, quoiqu'elles ayent coûté des frais immenses pour y être amenées, & que tout ait réussi au-delà même de ce que l'on espéroit. Elles pourroient donc être beaucoup plus fréquentes, & même, pour la plus grande partie, continuelles, si l'on avoit veillé à leur entretien avec assez d'assiduité ; mais, ayant été beaucoup négligées dans des tems difficiles, elles exigeroient aujourd'hui des frais considérables pour en rétablir l'abondance convenable.

L'auteur termine son essai par les éloges du goût d'un Prince pour les beaux Arts, & de la protection qu'il leur accorde. C'est le Roi Stanislas dont il veut parler, & pourquoi ne pas nommer un Souverain qui fait tant d'honneur aux Grands & à l'humanité ? le lui fais très-bon gré de l'avoir si bien loué, parce qu'il le mérite. Je ne saurois me refuser de mêler encore mes louanges aux siennes. Mais ce sera bien moins pour son habileté dans les Arts, que pour les qualités de son cœur, si rares dans les personnes de son rang. J'aime en lui cette noble affabilité qui n'ôte rien à sa grandeur, ni au respect qu'il s'attire. J'estime son amour de la régle, & du bel ordre qui régne dans sa Maison & sur-tout dans ses Finances. Il apprend à tout le monde, qu'avec un médiocre revenu, on peut enfanter des prodiges, lorsqu'on sait l'employer avec œconomie, & qu'on a l'intelligence de ce que l'on entreprend ; lorsque l'on ne tient pas au-dessous d'un Roi d'entrer dans des détails qui préviennent les abus ruineux des sur-payemens, & font discerner les ou-

L iv

vriers fidéles, qui, contens d'un salaire médiocre par l'assurance de l'exactitude de la recette, encouragent à de nouveaux projets. Avec cette balance à la main, les dépenses n'excédent jamais les revenus. On n'essuye point la confusion de l'édificateur de l'Evangile. On n'éleve point de bâtimens sur les ruines d'aucun particulier, ils ne sont point le sujet des pleurs des misérables. Ce digne Prince joint à l'amour de la justice, celui de la religion sa fidelle compagne, & ne rougit point d'en remplir les plus petits devoirs. Quel exemple pour les peuples, & qu'il est puissant chez les Rois! L'on ne pourra plus dire que cette pratique exacte est le partage des petits génies, ce Prince nous a fait voir dans sa réponse au discours du Sieur Rousseau sur le danger des Sciences & des Arts, la profondeur de ſes connoiſſances, l'étendue & la pénétration de ſon eſprit, & la juſteſſe de ſes raiſonnemens. Il n'a point appellé à ſon ſecours de chez ſes voiſins, des beaux eſprits, ni des eſprits forts, dont toute la vigueur conſiſte dans le doute & le mépris de ceux qui croyent & qui penſent comme le vulgaire. Il n'ambitionne point d'être à la tête d'une Académie de ſavans, où la jalouſie allume ſi ſouvent les querelles les plus indécentes. Il poſſéde en paix un eſprit droit & ferme, une ame forte & ſupérieure aux revers que ſa religion lui fait voir dans les décrets adorables de la Providence. Il met la vraye grandeur à commander à ſes paſſions, & le plus honteux abaiſſement à en être l'eſclave. Sa vie toujours tranquile ne connoît ni trouble ni remords, parce que toutes ſes actions ſont dans l'ordre. Son amour pour la justice lui attache tous les gens de bien, & son cœur tendre & bienfaisant ne laisse point de malheureux sans secours. Il rend graces tous les jours au Ciel d'avoir placé par une faveur signalée, son sang sur le premier Trône du monde, & de pouvoir venir embrasser souvent cette sage Reine, dont la piété & les vertus n'ont jamais souffert une éclipse d'une heure. Son goût naturel pour le simple & l'utile, a banni de sa Cour un faste orgueilleux, si méprisable à tout homme qui pense. Cette simplicité & ce mépris du luxe s'étend sur tous ceux qui lui sont attachés, & particulièrement sur ses Ministres. Quel plus homme de bien, d'un meilleur sens, & en même tems d'un extérieur plus modeste & plus uni que celui de la Cour de France !

Je ne saurois finir non l'éloge, mais le portrait d'un si digne Prince, & je me félicite d'avoir trouvé une occasion de publier les sentimens de respect & d'admiration que j'ai depuis si long-tems pour un Roi qui a toutes les vertus du Trône, beaucoup de vrais amis, & à qui il ne manque que des flatteurs.

Puisse la durée de sa vie égaler celle de nos desirs, pour le bonheur de ceux qu'il aime, & l'exemple des Rois.

REMARQUES

Sur ce qui eſt dit de l'Archi-
tecture dans

L'ESPRIT DES BEAUX ARTS.

REMARQUES

Sur ce qui est dit de l'Architecture dans

L'ESPRIT DES BEAUX ARTS.

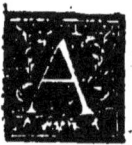U même tems que l'ouvrage que l'on vient d'examiner fut mis au jour, il en parût un autre intitulé l'*Esprit des beaux Arts*. Parmi le grand nombre de matieres qu'il renferme, l'on n'a dessein d'examiner que le nouveau sistême sur l'Architecture que l'on y propose.

Voici ce que dit très-sensément l'auteur de l'essai sur l'Architecture p. 125.

Tout bâtiment qui sera exact dans ses proportions, *n'eut-il que cette qualité*, *& fut-il d'ailleurs de la plus grande simplicité, il produira toujours un effet satisfaisant ; au lieu que si les proportions manquent, c'est un défaut que la richesse des ornemens ne corrigera jamais.* L'auteur de *l'esprit des beaux Arts* au contraire, proscrit les proportions, & prétend nous persuader par des raisonnemens métaphysiques, *Que les édifices réglés par des rapports composés, flatteront plus agréablement le sens que ceux qui le seroient par des rapports simples.* C'est dire précisément que le sens compare plus facilement les premieres que les dernieres. Quoi, l'œil appercevra mieux le rapport de 7 à 9 que de 1 à 2, ou de 2 à 3 ? Ne sommes-nous pas convaincus par l'expérience, que le rapport que l'on remarque
entre

entre deux objets, est le résultat de la comparaison qu'on en fait, & que plus elle est facile à faire, plus l'ame en reçoit de plaisir ? Et par une opposition conséquente, tout objet difficile à comparer, jette le spectateur dans une sorte d'embarras qui trouble son plaisir. Mais, dira-t'on, comment le sens fait-il cette comparaison ? C'est par une trigonomètrie naturelle, & qui est en nous comme innée.

D'ailleurs on soutient que si l'on prenoit des Moyennes proportionnelles de chacune des parties des ordres de différens auteurs, ainsi qu'on le propose, il en résulteroit un tout désagréable à la vue, parce qu'alors les parties n'auroient plus de justes rapports entr'elles & au tout, ce qui est contraire au sentiment de nos plus célébres auteurs. Nous ne rapporterons ici qu'un passa-

M.

ge de Scamozzi, L. 1. Chap. 26. *La disposition des parties rend un bâtiment considérable, quand elles sont proportionnelles entr'elles & au tout.* Les édifices que ces grands hommes ont fait construire sur ces principes, étant généralement approuvés, nous estimerons toujours leurs maximes préférables aux sistêmes qui s'y opposent.

L'auteur, pour appuyer son sentiment, assure que Claude Perrault a réglé ses ordres d'Architecture par des Moyennes proportionnelles qu'il a prises, dit-il, entre les proportions les plus extrêmes des ordres antiques. Il est vrai que l'on trouve dans son traité des tables qu'il a faites à ce dessein, mais il y a eu peu d'égard. En voici la preuve tirée de sa préface p. 21. *Si l'on m'objecte, dit-il, que la méthode que je propose,* quand même elle seroit approuvée, n'étoit pas une chose fort difficile à trouver, que je ne change presque rien aux proportions, & qu'il n'y en a guéres qui ne se trouvent dans les ouvrages anciens & modernes, j'avouerai que je n'ai point inventé de nouvelles proportions, mais c'est de cela que je me loue, parce que je n'ay point d'autre dessein dans cet ouvrage, que de faire que sans choquer l'idée que les Architectes ont des proportions de chaque membre, on les puisse réduire toutes à des mesures facilement commensurables. Cet auteur ne rejette donc pas les proportions ; je dis plus, il les a exactement suivies pour régler ses ordres, & il n'a employé de Moyennes proportionnelles que pour déterminer la hauteur des piédestaux & de leurs colonnes ; mais ces objets sont exactement réglés chacun à leur égard, suivant la suite naturelle de la progression arithmétique que notre auteur proscrit. Il a donc mal compris le sistême de Perrault. D'ailleurs celui-ci dit que son objet est de réduire chaque membre d'Architecture à des mesures faciles à comparer ; son sistême est donc entierement opposé à celui que l'on propose qui rejette les rapports justes.

Pour parvenir à rendre les parties des ordres relatives entr'elles & au tout, à l'imitation des anciens, Perrault a d'abord divisé le tout en un certain nombre de parties égales pour en déterminer les principaux corps, & il a subdivisé ceux-ci pour en régler jusqu'aux moindres moulures, en observant exactement l'ordre des proportions, ou celui des nombres harmoniques. Ces divisions étant marquées à côté des figures de cet auteur, le lecteur peut s'assurer de la vérité. Il résultera donc que le siftême de Perrault, sur lequel notre auteur s'appuye, est diamètralement opposé à celui qu'il propose. Mais ne l'auroit-il point imaginé sur cet autre passage de Perrault ? *Les beaux ouvrages n'ont point d'autres fondemens que le hazard & le caprice des ouvriers, qui n'ont point cherché des raisons pour se conduire à déterminer des choses dont la précision n'est d'aucune importance.*

Ce passage qui est opposé à la précédente citation, prouve que Perrault n'étoit pas d'accord avec lui-même. Cependant la fin de ce dernier trait donne lieu de conjecturer qu'il n'avoit en vue que quelques objets peu importans, &

M. iij.

dont la précision pourroit ne pas être absolument nécessaire. Si cela n'est pas, ce qu'il avance est un paradoxe insoutenable. Mais quel avantage en pourroit-on tirer ? En effet si le hazard & le caprice doivent être le seul guide de l'Artiste, de quelle utilité pourront être les Moyennes proportionnelles ?

L'auteur ignore sans doute qu'une dispute qui s'éleva entre François Blondel & Claude Perrault, porta celui-ci à écrire contre les proportions. Si l'on lit son traité avec attention, les variations que l'on y trouvera prouveront que la force de la verité & sa propre conviction le ramenoient comme malgré lui à ses sentimens intérieurs & invincibles. Pour en donner une nouvelle preuve, nous joindrons à la premiere citation une autre tirée du chapitre cinquiéme du fixieme livre de fa nouvelle édition de Vitruve page 205. Il la donna au public un an après fon traité fur les Ordres dont nous venons de parler. *L'œil*, dit-il, *accoutumé à ces proportions, ainfi qu'il l'eft à celles du corps humain, ne doit point fe plaire à les voir changer, & elles ne le fauroient être fans qu'il s'en apperçoive*. Le corps humain bien fait eft-il réglé par des Moyennes proportionelles ? Les parties dont il eft compofé ne font-elles pas relatives entr'elles & au tout ? Nous pouvons donc conclure que fon amour propre bleffé étoit fon feul guide lorfqu'il écrivit contre les proportions, d'autant plus qu'il les a exactement fuivies pour régler fes ordres, ainfi qu'on l'a dit.

On eft encore à foupçonner, dit l'auteur, *qu'il pourroit y avoir une force de raison qui développât les principes essentiels du goût, & qui, par l'action machinale des sens, pût fixer les préceptes de ce qui ne doit point être tout-à-fait arbitraire. Il faut avoir grande attention à ne pas confondre cette théorie du sentiment qui donneroit des déterminaisons utiles, avec les combinaisons mistérieuses des nombres.* Les principes essentiels du goût émanent nécessairement de l'ordre que la nature nous prescrit, c'est-à-dire des proportions qui étant combinées relativement à l'objet qui nous est présenté, opèrent un effet agréable, si l'auteur de cet objet a du génie, du goût & de l'expérience, & c'est à quoi se réduit l'action machinale du goût qu'on allégue. En effet la nature peut-elle nous inspirer d'autres principes que ceux qu'elle renferme en elle, & par lesquels elle opère? Elle nous offre, dira-t'on, des objets imparfaits, mais ne pourroit-on pas les comparer à ceux du syftême qu'on nous propofe, puifque les objets agréables qu'elles expofe à nos yeux font dans l'ordre des proportions, ainfi que l'homme bien conformé, &c? Et comment diftingueroit-on le parfait de l'imparfait, fi toutes les productions de la nature étoient réglées par la même voie?

Notre auteur prétend que la combinaifon des nombres eft un myftére, cela feroit ainfi fi l'on ne fuivoit pas l'ordre conftant des proportions que nous prefcrit la nature, & à cet ordre fi naturel, on veut fubftituer la théorie du fentiment que l'on ne développera jamais avec précifion, & quand on y parviendroit, il faudroit encore prouver que fon efficacité triompheroit de l'harmonie naturelle des proportions.

Les proportions, dit l'auteur, *arithmétiques, géomètriques, harmoniques ou contr'harmoniques ne font en elles-mêmes que des rapports numériques, qui ne peuvent être regardés que comme devant néceffairement exprimer par la régularité de leur marche, la vérité du fentiment.* L'auteur n'eft point d'accord avec lui-même. En effet lès Moyennes proportionnelles qu'il propofe, peuvent-elles être défignées autrement que par des nombres ? Et comment nous prouvera-t'on que des marches irrégulieres exprimeront mieux la vérité du fentiment que les régulieres ? L'expérience nous affurant du contraire, nous ne les abandonnerons point que l'on ne nous ait démontré avec la plus grande évidence, que l'union de plufieurs corps d'Architecture, réglés par des parties aliquantes (*a*), flatteroit plus agréablement le sens , que si les mêmes corps étoient réglés par des parties aliquotes.

Suivons l'auteur. *Vouloir tout asservir à ces proportions sans y ajouter d'idée, ce seroit tomber dans des contradictions continuelles, dégrader l'art, & vouloir le limiter à une prétendue tradition que plusieurs exemples de l'antique démontrent.*

Mais quelle idée l'auteur ajoute-il à

___

(*a*) *Aliquote*, se dit des parties comprises dans un nombre ou dans une quantité, & qui mesurent le tout exactement. *Aliquante* est le contraire. C'est une partie qui ne sauroit mesurer son tout exactement. Exemp. 5. est une partie aliquote de 20, & 7 en est une partie aliquante. 5 étant pris quatre fois fait exactement le nombre de 20, sans aucun reste, & 7 ne sauroit le faire sans y ajouter, ou en ôter.

ſes Moyennes proportionnelles ? Il nous les propoſe ſans nous inſtruire de l'ordre qu'il faudroit ſuivre pour les déterminer, & pour les employer. Comment nous perſuadera-t'il qu'en ſuivant d'exactes proportions dont la marche eſt conſtante, l'on tomberoit dans des contradictions continuelles ? D'où pourroient-elles naître, ſi les parties de l'édifice ſont proportionnelles entr'elles & au tout ? Mais cela arriveroit ainſi ſi l'on ſuivoit ſon ſiſtême qui proſcrit ce principe inconteſtable. Les proportions étant dictées par la nature, elles ſont fondées en raiſon, & pouvant les combiner à l'infini, l'art n'eſt point limité ainſi que l'auteur le prétend. A l'égard des exemples de l'antique qu'on allégue, l'on en trouvera la réponſe dans la préface de Vignole. Voici l'endroit. *Pour* appuyer mon sentiment avec plus de fondement, je me suis proposé pour modele les cinq ordres d'Architecture qui se voyent dans les édifices antiques de Rome, & les considérant tous ensemble, & les examinant avec des mesures exactes, j'ai remarqué que ceux qui, au jugement de tous, paroissent les plus beaux, & qui se présentent à nos yeux avec plus de grace, ont une correspondance si peu embarrassée de nombres, que par les moindres moulures on peut exactement mesurer les plus grandes. C'est pourquoi faisant une plus sérieuse réflexion sur le plaisir que nos sens reçoivent de cette proportion, & combien au contraire les choses qui en sont éloignées, leur sont désagréables, comme les musiciens l'éprouvent tous les jours dans leur art, j'ai travaillé, &c.

Vignole auroit-il trouvé cette juste

correspondance de parties, si ces modeles eussent été réglés par le sistême qu'on nous propose, qui proscrit la précision ? Il est donc anéanti par les édifices antiques sur lesquels l'auteur veut s'appuyer, à moins que ce ne soient ceux que Vignole nous assure être désagréables. Mais alors on lui répondra que Vignole ayant réglé ses ordres par les principes des proportions, & par les nombres harmoniques, & que ces ordres étant généralement approuvés, nous n'abandonnerons point sa maxime pour en suivre une qui n'est fondée que sur des raisonnemens métaphysiques & par conséquent incertains.

Suivons l'auteur. *Il y auroit de la mauvaise foi, ou plutôt une ignorance imbécille à objecter, que puisqu'on rejette les proportions arithmétiques ou géomètriques, on autorise les édifices* disproportionnés, & qu'on voudroit établir que l'art est arbitraire. Cette objection ne pourroit être faite que par ceux qui n'auroient pas compris ce que c'est que limiter les rapports de différens termes. Seroit-ce que dans cette occasion on chériroit le mot de proportion ? Oui, sans doute, répondra-t'on à l'auteur, & l'on le chérira toujours, si l'on ne nous apprend ce que l'on entend par limiter le rapport de différens termes. Si ces termes sont proportionels, leurs moyens le seront aussi. Mais l'auteur proscrivant les proportions, ce ne sauroit être là sa pensée. Quelle est-elle donc ? Pour déterminer des Moyennes proportionnelles, il faut des termes fixes, & comment les fixera-t'on ? Seront-ils pris des mesures des différentes parties des ordres antiques ? Nous avons déja fait voir par l'autorité des plus célébres Architectes, ce qu'il en résulteroit. C'est donc un paradoxe que l'on propose.

Vouloir rejetter les proportions, c'est prétendre anéantir celles qui sont dans la nature, & qu'elle offre sans cesse à nos yeux. Un homme est bien fait lorsqu'il est réglé par ses lois, & sa figure plaît généralement. Les excellens Statuaires & les Architectes les ont suivis dans leurs ouvrages, & on les admire.

La Musique qui est fondée sur les proportions nous enchante, lorsque l'on y a observé une juste & exacte modulation. Il faut donc des preuves bien fortes & portées jusqu'à l'évidence, pour nous convaincre que les édifices seront défectueux quand ils seront réglés par les proportions.

En ce cas, c'est l'auteur qui parle, Nous devons avertir que ce qui paroît
le

le plus irrégulier est assujetti par la géométrie, des loix fixes à & c'est ce qu'on appelle progression, & que les proportions ne sont elles-mêmes qu'une espece de progressions.

Il est vrai que les figures sont tracées par des loix fixes ; mais vouloir en conclure que la marche des progressions est aussi irreguliere, c'est une conséquence trop hazardée. Une progression arithmétique est une suite naturelle de nombres qui ont entr'eux une égale & même différence ; & une progression géométrique est une suite de nombres qui se contiennent également, ou, ce qui est la même chose, qui sont continuellement proportionnels. Voilà l'ordre des progressions fixé par la nature même. Le trouvera-t'on dans le sistême que l'on propose ?

D'ailleurs quel rapport peut-il y avoir

des loix fixées pour tracer les figures irrégulieres avec celles des progreffions ? Prétend-on nous perfuader qu'un édifice réglé par ces dernieres, feroit défagréable, & offenferoit les yeux ? Car c'eft la feule conféquence que l'on puiffe tirer du raifonnement de l'auteur, qui attribue un femblable effet aux progreffions, & aux loix fixées pour tracer les figures irrégulieres ; n'eft-ce pas vouloir jetter des ténebres fur un objet qui eft très-clair ? Mais l'on s'appercevra bientôt que le deffein de l'auteur eft de tirer les conféquences que nous allons rapporter.

Pourquoi donc, dit-il, *fe fixera-t-on aux progreffions arithmétiques, géomètriques, harmoniques & contr'harmoniques ? L'on veut des termes fixes & empruntés de la géomètrie, par ce principe on peut prendre une infinité de progreſſions qui approcheront de fort près de ces premieres, & qui quelquefois ſauront les contredire.*

L'on veut des formes fixes, & l'on n'en fixe aucune. Quoi ! celles des proportions ne ſont pas fixés par la nature même ? Sont-elles étrangéres à la géomètrie ? Comment peut-on révoquer en doute deux vérités avancées par tous les Savans ?

Mais encore une fois par quelle voye parviendra-t'on à déterminer ces infinités de progreſſions ? Y en a-t'il d'autres que celles qui ſont dans l'ordre que la nature nous preſcrit, & que nous avons rapportées ailleurs ? *Ces prétendues progreſſions approcheront*, dit-il *de fort près des premieres.* L'auteur veut donc s'obſtiner à nous perſuader que ces différens objets réglés par des rapports compoſés, flatteront plus le fens que s'ils l'étoient par des rapports simples, malgré l'expérience qui nous prouve le contraire. Tout homme qui pense sentira l'illusion de ce raisonnement.

Mais jusqu'à ce que l'auteur nous ait prouvé que le défaut de précision produit des beautés plus parfaites que la précision même, notre raisonnement aura toujours sur le sien l'avantage de la vérité & de l'expérience. La Musique est fondée sur l'exacte précision des proportions : Il n'est permis d'y employer qu'une seule Moyenne proportionnelle dans certain cas, & si on y en employoit deux, elles seroient insupportables à l'oreille.

L'auteur convient à la page 146 de son premier Tome, que la Musique est soumise aux calculs, & que ses effets sont certains. Pourquoi ne le seroient-ils pas à l'égard de l'Architecture ? La nature ne nous offre qu'un seul principe, qui étant né en nous, est la seule boussole des Sciences & des Arts, & ce principe, ce sont les proportions combinées pour le génie & le goût, soutenus de l'expérience.

Il ajoute à la même page, *L'on n'a point encore rapporté les calculs au développement des mouvemens de l'ame, & l'on ne peut être enrichi de cette utile application par des calculateurs servilement asservis à combiner des nombres.* Rien ne paroît plus impossible & en même tems plus imaginaire, que la pensée d'assujettir à des calculs les différens dégrés des mouvemens de l'ame, de ses passions, de ses sentimens, dont les nuances déliées sont presque infinies, & imperceptibles aux yeux de la plus subtile métaphysique. Or si l'on ne peut acquérir la frivole richeſſe de cette application par des calculateurs aſſervis à la combinaiſon des nombres, ſans laquelle il n'eſt point de calcul, ſon raiſonnement n'eſt qu'un verbiage obſcur, ſans juſteſſe, & indigne d'un Géomètre. Et après tout, qu'importe à l'Architecture de développer l'ame & ſes mouvemens par des calculs, étant certain par l'expérience, qu'une judicieuſe combinaiſon des nombres opére l'élégant & le beau ? Pourroit-il jamais réſulter de la ſubtilité de ſa découverte, des principes plus clairs & plus ſolides que ceux que nous offre la nature ? Un emploi bien plus utile de ſes calculs métaphyſiques, ce ſeroit de développer, s'il étoit poſſible, les différens dégrés des ſenſations que l'ame éprouve à l'occaſion des objets différemment combinés, qui lui ſont préfentés par l'organe de la vue. Ce n'eſt que par là qu'il pourroit parvenir à nous créer un guide encore plus fûr pour avancer la perfection des Arts.

Concluons donc que les Proportions étant la ſource de leurs vrayes beautés, leur baſe, & leur ferme appui, elles ſont indiſpenſables à l'Architecture; ſans elles point de juſteſſe dans les rapports des parties d'un édifice, point de marche ſûre pour les déterminer, ni pour régler ces beautés. La figure humaine eſt le plus bel objet & le plus parfait qui s'offre à la vue & qui puiſſe la ſatisfaire, cet objet ſi agréable eſt certainement réglé par des proportions, pourquoi les beautés des autres objets du même organe ne ſeront-elles point aſſujetties aux mêmes principes pour plaire à l'ame, & exciter dans elle les ſenſations du plaiſir le plus complet à

Cet argument me paroît, si je ne me trompe, d'une clarté & d'une conviction à laquelle on ne peut se refuser.

Je finis par ce raisonnement de l'auteur. *Il paroît à certains égards, qu'il y a un cercle d'erreurs auquel les hommes reviennent sans cesse. Les combinaisons mystérieuses des nombres avoient dégradé la secte de Pythagore, ces illusions d'un esprit peu éclairé commencent à revenir. Ce seroit relever un trop grand nombre de mystères d'iniquité, que de donner ici l'énumération des obstacles que ces fausses connoissances mettent tous les jours aux progrès des Sciences & des Arts.*

L'auteur pourroit bien être lui-même, sans s'en appercevoir, dans ce cercle d'erreurs où il enferme tout le genre humain. Les combinaisons des nombres qu'il nomme mystérieuses, & qui ont, dit-il, dégradé la secte de Pythagore, n'ont eu pour objet que de découvrir les erreurs de ce Philosophe. De tous ceux qui ont parlé de la Musique (que l'auteur a ici certainement en vue) Aristoxène est le seul qui ait conseillé d'écouter la nature, & de suivre les régles qu'elle nous prescrit. Mais loin de mettre en pratique un si sage conseil, on la méprise pour se livrer à un calcul abstrait & arbitraire, que l'on ose nous proposer pour régle de l'architecture.

L'auteur nomme les fausses connoissances qui résultent de la combinaison des nombres, des *mystéres d'iniquité*. Que répondre à un auteur qui abuse des termes au point de donner aux nombres & aux opérations de calcul, les vices du cœur & sa dépravation,

(car c'est la feule idée qui foit attachée à ce terme) fous le faux prétexte que ces opérations s'oppofent aux progrès des Sciences & des Arts ?

FIN.

APPROBATION.

J'Ai lû par ordre de Monseigneur le Chancelier, un Manuscrit, ayant pour titre : *Examen de l'Essai sur l'Architecture, avec quelques remarques sur cette même matiere* ; & je n'y ai rien trouvé qui puisse en empêcher l'Impression. à Paris ce onze Septembre 1753.
MARCHAND.

PRIVILEGE DU ROI.

LOUIS, par la grace de Dieu, Roi de France & de Navarre : A nos amés & féaux Conseillers, les Gens tenans nos Cours de Parlement, Maîtres des Requêtes ordinaires de notre Hôtel, Grand-Conseil, Prévôt de Paris, Baillifs, Sénéchaux, leurs Lieutenans Civils, & autres nos Justiciers qu'il appartiendra ; SALUT, Notre amé MICHEL-LAMBERT, Libraire à Paris, Nous a fait exposer qu'il desireroit faire imprimer & donner au Public un Ouvrage qui a pour titre : *Examen de l'Essai sur l'Architecture :* s'il Nous plaisoit lui accorder nos Lettres de Permission pour ce nécessaires. A CES CAUSES, voulant favorablement traiter l'Exposant, nous lui avons permis & permettons par ces Présentes, de faire imprimer le dit Ouvrage, en un ou plusieurs Volumes, & autant de fois que bon lui semblera, & de le vendre, faire vendre & débiter par tout notre Royaume pendant le tems de *trois* années consécutives, à compter du jour de la date des Présentes. Faisons défenses à tous Imprimeurs, Libraires & autres personnes de quelque qualité & condition qu'elles soient, d'en introduire d'impression étrangere dans aucun lieu de notre obéissance ; A la charge que ces Présentes seront enrégistrées tout au long sur le Regiftre de la Communauté des Imprimeurs & Libraires de Paris dans trois mois de la datte d'icelles ; que l'impression dudit Ouvrage sera faite dans notre Royaume & non ailleurs, en bon papier & beaux caracteres, conformément à la feuille imprimée attachée pour modele sous le contrescel des Présentes, que l'Impétrant se conformera en tout aux Réglemens de la Librairie & notamment à celui du dix Avril 1725 ; qu'avant de les exposer en-vente, le Manuscrit qui aura servi de copie à l'impression dudit Ouvrage, sera remis dans le même état où l'Approbation y aura été donnée, ès mains de notre très-cher & féal Chevalier Chancelier de France, le Sieur DELAMOIGNON ; & qu'il en fera ensuite remis deux Exemplaires dans notre Bibliothèque publique, un dans celle de notre Château du Louvre, un dans celle de notre dit très-cher & féal Chevalier, Chancelier de France, le Sieur DELAMOIGNON, & un dans celle de notre très-cher & féal Chevalier, Garde des Sceaux de France, le Sieur DEMACHAULT, Commandeur de nos Ordres, le tout à peine de nullité des présentes ; du contenu desquelles vous mandons & enjoignons de faire jouir ledit Exposant & ses ayans cause pleinement & paisiblement, sans souffrir qu'il leur

www.ingramcontent.com/pod-product-compliance
Lightning Source LLC
Chambersburg PA
CBHW052248220526
45471CB00001B/248